O GUIA PRÁTICO

COMO • SE • TRANSFORMAR EM • UM • OPERADOR E • INVESTIDOR • DE • SUCESSO

Dr. Alexander Elder

COMO SE TRANSFORMAR EM UM OPERADOR E INVESTIDOR DE SUCESSO

O GUIA PRÁTICO

Tradução
Cristina Yamagami

2ª Edição

ELSEVIER

CAMPUS

Do original: *Trading for a Living*
Tradução autorizada do idioma inglês da edição publicada por John Wiley & Sons, Inc.

Copidesque: Shirley Lima da Silva Braz
Editoração Eletrônica: Estúdio Castellani
Revisão Gráfica: Edna Cavalcanti e Roberta Borges

Projeto Gráfico
Elsevier Editora Ltda.
A Qualidade da Informação.
Rua Sete de Setembro, 111 – 16º andar
20050-006 Rio de Janeiro RJ Brasil
Telefone: (21) 3970-9300 FAX: (21) 2507-1991
E-mail: *info@elsevier.com.br*
Escritório São Paulo:
Rua Quintana, 753/8º andar
04569-011 Brooklin São Paulo SP
Tel.: (11) 5105-8555

ISBN 978-85-352-2783-3
Edição original: ISBN 0-471-59225-0

Nota: Muito zelo e técnica foram empregados na edição desta obra. No entanto, podem ocorrer erros de digitação, impressão ou dúvida conceitual. Em qualquer das hipóteses, solicitamos a comunicação à nossa Central de Atendimento, para que possamos esclarecer ou encaminhar a questão.

Nem a editora nem o autor assumem qualquer responsabilidade por eventuais danos ou perdas a pessoas ou bens, originados do uso desta publicação.

Central de atendimento
Tel.: 0800-265340
Rua Sete de Setembro, 111, 16º andar – Centro – Rio de Janeiro
e-mail: info@elsevier.com.br
site: www.campus.com.br

Dados Internacionais de Catalogação na Publicação (CIP)
(Câmara Brasileira do Livro, SP, Brasil)

Elder, Alexander
O guia prático : como se transformar em um operador e investidor de sucesso / Alexander Elder ; tradução Cristina Yamagami. – Rio de Janeiro : Elsevier, 2007 – 2ª reimpressão.

Título original: Study guide for trading for a living.
Bibliografia.
ISBN 978-85-352-2783-3

1. Especulação (Finanças) 2. Bolsa de valores 3. Investimentos 4. Mercado de ações 5. Sucesso em negócios I. Título.

07-6317 CDD-332.63228

Índices para catálogo sistemático:
1. Mercado de ações : Investimentos : Economia financeira 332.63228

Prefácio

Os operadores de mercado experientes muitas vezes parecem deslizar pelos mercados, facilmente entrando e saindo das negociações. Suas operações parecem ser feitas sem esforço, como os esquiadores descendo montanha abaixo que vemos pela televisão. A ilusão acaba quando você pega um par de esquis e percebe os obstáculos na encosta da montanha. Se você quiser elevar-se ao nível de um investidor sério, precisa trabalhar, estudar e fazer sua parte.

Escrevi este guia para ajudá-lo a crescer e atingir o sucesso como um investidor. Ele se baseia nos meus anos de experiência operando nos mercados e lecionando para investidores. Quanto mais você estudar os mercados e suas reações a eles, mais chances de ter sucesso.

Cada questão deste guia se refere a uma seção específica de meu livro *Como se transformar em um operador e investidor de sucesso* (Campus/Elsevier, 2004). Você poderá se beneficiar deste guia independentemente de ter lido ou não o livro; mas, se você se envolver profundamente com as questões apresentadas aqui, neste guia, pode querer ler os capítulos relevantes no livro.

Operar no mercado é, em parte, uma ciência e, em parte, uma arte – parcialmente objetivo e parcialmente subjetivo. Este guia levanta questões sobre as operações no mercado e fornece respostas – apesar de algumas pessoas poderem discordar de algumas delas. Permita que este guia o desafie a refletir sobre os mercados.

Todas as questões deste guia estão agrupadas por tema – psicologia, gestão do dinheiro, indicadores técnicos e assim por diante. Anote suas respostas e observe os padrões de seus pontos fortes e fracos. É necessário saber mais sobre si mesmo e sobre os mercados – os bons investidores estão sempre aprendendo.

Ao responder às questões referentes aos gráficos, cubra os gráficos com uma folha de papel e desloque lentamente a folha da esquerda para a direita. O trabalho de um analista e de um operador de mercado fica mais difícil à medida que se aproxima da borda direita do gráfico. Tente simular a incerteza dos mercados ao trabalhar com este guia.

Registros de corretoras mostram que a maioria dos operadores de mercado é composta de homens. Por esse motivo, você perceberá que normalmente utilizo o pronome masculino (ele) nos exemplos apresentados ao longo deste livro. É claro que não há nenhuma intenção de desrespeitar as operadoras do sexo feminino. Com base em minha experiência, as poucas mulheres que se envolvem em operações no mercado costumam ter mais sucesso do que os homens.

Sou grato a dois ex-colaboradores por revisar os manuscritos e fornecer várias sugestões proveitosas. Fred G. Schutzman trabalhou como analista no Financial Trading Seminars, Inc., antes de sair para se tornar o presidente da BFF Trading, uma empresa de gestão de futuros em Nova York. Fred trabalha sete dias por semana analisando os mercados e construindo um negócio bem-sucedido de gestão de dinheiro – mas encontrou tempo para responder e criticar todas as questões apresentadas aqui.

Carol Keegan Kayne costumava gerenciar o Financial Trading Seminars, Inc., antes de se tornar mãe em período integral. Ela é uma amante da língua escrita e nenhum projeto está concluído antes de Carol verificar sua clareza e exterminar os erros!

Agradeço a meus ex-professores e alunos da University of Tartu (Estônia), da Albert Einstein College of Medicine (Nova York) e da Columbia University, por me proporcionar tantas oportunidades de aprender e desenvolver meu estilo didático. Agradeço também aos clientes da Financial Trading Seminars, Inc., na Ásia, América do Norte e América do Sul, Europa, Austrália e África.

Espero que este guia o ajude a aguçar suas habilidades e a se tornar um operador de mercado melhor e mais confiante.

Nova York
Novembro de 1992

Dr. Alexander Elder

Sobre o autor

Alexander Elder nasceu em Leningrado (São Petesburgo) e cresceu na Estônia, onde entrou na faculdade de medicina aos 16 anos. Aos 23 anos, trabalhando como médico a bordo de navios, ele fugiu de uma embarcação soviética na África e recebeu asilo político nos Estados Unidos. Continuou a trabalhar como psiquiatra na cidade de Nova York, atuou como editor de livros no *The Psychiatric Times* e lecionou na Columbia University. Depois de se envolver em operações nos mercados financeiros, publicou dezenas de artigos, softwares e resenhas de livros, além de atuar como palestrante em várias conferências. Em 1988, fundou a elder.com, uma instituição educacional para investidores em mercados financeiros. Elder presta consultoria para indivíduos e instituições financeiras e conduz seminários para operadores de mercado. Sua empresa produz vídeos e livros sobre investimentos.

Os leitores deste livro estão convidados a solicitar um kit de informações atuais, escrevendo ou telefonando para:

elder.com
P.O. Box 20555, Columbus Circle Station
New York, NY 10023, USA
Telefone: 800-458-0939 ou 212-432-7630
Fax: 718-639-8889
Email: info@elder.com
Website: www.elder.com

Sumário

Aprenda a se tornar um operador melhor

Todas as questões apresentadas neste guia foram elaboradas para proporcionar ao mesmo tempo um desafio e um teste à sua capacidade de raciocinar com um operador de mercado. Cada capítulo testa seu conhecimento sobre um tema abrangente do mercado – psicologia, análise de gráficos, gestão do dinheiro e assim por diante. Todos os capítulos correspondem aos capítulos e às seções do livro *Como se transformar em um operador e investidor de sucesso* (Campus/Elsevier, 2004).

Cada capítulo começa com uma breve introdução. Uma tabela é apresentada para anotar suas respostas de forma que você possa trabalhar várias vezes com este livro. Converse sobre as suas respostas com os amigos – tente se beneficiar das experiências deles, e não só das suas.

Comece trabalhando com cada capítulo respondendo às três primeiras questões e consultando as respostas. Se você acertar duas de três questões, prossiga respondendo. Se acertar somente uma questão, pare e estude o material de leitura recomendada antes de prosseguir. Não se apresse em fazer os testes – este não é um curso de leitura dinâmica.

Depois de responder a todas as questões de um capítulo, consulte as respostas apresentadas no final deste livro. Para mais informações, cada resposta o conduz a uma seção de *Como se transformar em um operador e investidor de sucesso*. As escalas de classificação permitem avaliar seu progresso. Se você obtiver uma boa pontuação, passe para o capítulo seguinte; se tiver baixas pontuações, estude os materiais de leitura recomendada e refaça o teste.

Certifique-se de analisar por que você acertou algumas questões e errou outras. Os operadores de mercado bem-sucedidos refletem sobre cada negociação finalizada, independentemente de terem ganhado ou perdido dinheiro. É necessário aprender com seus erros, bem como com seus acertos.

PARTE I

Perguntas

Introdução

A maioria dos operadores de mercado perde dinheiro, desaparece do mercado e nunca mais é vista. Se você quiser ter sucesso nessa área, deve saber superar os obstáculos. Deve aprender a pensar e agir de forma diferente do resto da multidão.

Este livro lhe oferece várias idéias não-ortodoxas para negociar no mercado. O objetivo desta Introdução é fazer uma pausa no início da jornada para ver se você está em sintonia com parte do pensamento não-convencional sobre as negociações do mercado.

Comece respondendo às primeiras três questões desta Introdução. Se acertar menos de duas respostas, revise os materiais de leitura recomendada antes de prosseguir.

Questões	*Tentativa 1*	*Tentativa 2*	*Tentativa 3*	*Tentativa 4*	*Tentativa 5*
1					
2					
3					
4					
5					
6					
7					
8					
Respostas corretas					

Questão 1

Quais dos métodos a seguir para tomar decisões sobre investimentos podem se mostrar eficazes para os operadores de mercado no longo prazo?

I. Análise fundamentalista
II. Informações privilegiadas
III. Palpites e dicas
IV. Análise técnica

A. I e II
B. II e III
C. I e IV
D. III e IV

Questão 2

Qual elemento a seguir não é essencial para o sucesso nas negociações?

A. Psicologia das operações de mercado
B. Método analítico
C. Relações com insiders do mercado
D. Método de gestão de dinheiro

Questão 3

A melhor abordagem para ler um livro sobre negociações no mercado é

A. testar todas as idéias que lhe interessam com os seus próprios dados de mercado.
B. incorporar todas as idéias em seu trabalho.
C. não confiar no que se lê – por que alguém compartilharia boas idéias de negociação?
D. perguntar a outros operadores de mercado se as idéias apresentadas no livro funcionaram para eles.

Questão 4

Qual elemento a seguir *não* é uma causa importante de perdas nas negociações?

A. *Slippage*
B. Comissões
C. Investimentos emocionais
D. Roubo

Questão 5

Os operadores de mercado Jim e John adotam posturas opostas nas negociações. Ambos pagam comissões e ambos são atingidos pela *slippage*. O operador de mercado Jim, o vencedor, ganha US$920, enquanto o operador de mercado John, o perdedor, perde US$1.080.

O resultado dessa operação ilustra o fato de que as operações no mercado são

A. um jogo de soma zero
B. um jogo de expectativas positivas
C. *random walk*
D. um jogo de soma negativa

Questão 6

Você compra um contrato (100 onças) de ouro a US$400/onça com uma margem de US$1.000. A comissão de compra e venda é de US$25. Qual das afirmativas a seguir é *falsa*?

A. A comissão é de 2,5% da margem.
B. Será necessário obter um lucro de pelo menos 2,5% para evitar perder dinheiro.
C. A comissão é de 0,0625% do valor do contrato.
D. Se você controla US$40.000, não se incomode com US$25.

Questão 7

Você faz uma ordem de compra de um contrato de ouro (100 onças) a US$400/onça e a ordem é executada a US$400,20. O ouro cai para US$398; você instrui seu corretor a vender e a ordem é executada a US$397,70. Sua *slippage* na operação é de

A. US$30
B. US$50
C. US$500
D. US$1.050

Questão 8

Na operação descrita nas Questões 6 e 7, suponha que outro operador lhe tenha vendido o ouro a descoberto, cobrindo a posição quando você saiu de sua posição comprada com um lucro bruto de US$200. A *slippage* e a comissão dele foram iguais às suas. O ganho total de sua operação para a indústria de operações de mercado representa qual porcentagem do "ganho" bruto de US$200 do vencedor?

A. 25%
B. 50%
C. 75%
D. 100%

1

Psicologia individual

A batalha pelos lucros nas negociações ocorre dentro de sua cabeça. Seu maior e mais perigoso desafio não provém dos operadores nas salas de negociações, de algum grupo de negociações com muitos recursos ou de algum poderoso analista. Seu maior obstáculo no caminho para o sucesso nos investimentos é a pessoa que está segurando este livro – você. Se você conseguir administrar suas emoções e utilizar a razão, os lucros das operações serão uma conseqüência natural.

Um operador de mercado profissional é tranqüilo, calmo e tem autocontrole. Ele sabe o que fazer se o mercado subir ou cair. Quando não tiver certeza do que fazer, ele fica de fora do mercado e o analisa tranqüilamente da arquibancada. Ele tem controle de si mesmo e, por extensão, controle de suas operações. Se você fica inebriado de alegria quando o mercado oscila a seu favor ou paralisado de medo quando ele oscila contra você, sua conta de investimentos está condenada ao fracasso. Nenhum método analítico ou sistema de negociação pode ajudar um operador de mercado cuja mente é obscurecida pelo medo ou pela ganância.

Responda às três primeiras questões deste capítulo. Se você acertar menos de duas, pare e reveja os materiais de leitura recomendada. Se acertar duas ou três questões, prossiga para o resto do capítulo. Não se apresse, evite os clichês e permita-se tempo para refletir.

Questões	*Tentativa 1*	*Tentativa 2*	*Tentativa 3*	*Tentativa 4*	*Tentativa 5*
9					
10					
11					
12					
13					
14					
15					
16					
17					
18					
19					
20					
21					
22					
23					
24					
25					
26					
27					
28					
29					
30					
31					
32					
33					
34					
35					
Respostas corretas					

Questão 9

A atitude de um operador de mercado bem-sucedido em relação ao risco normalmente é

A. evitar o risco
B. prosperar no risco
C. apreciar situações de risco, apesar de nunca ser agradável perder
D. avaliar cada risco antes de assumi-lo

Questão 10

A meta de um bom operador de mercado é

A. tornar-se o melhor operador de mercado possível
B. ganhar mais dinheiro do que os outros operadores de mercado
C. fazer escolhas que o diferenciarão dos outros operadores de mercado
D. conquistar o respeito da família e dos amigos

Questão 11

Um operador de mercado perdeu 20% de sua conta. A melhor coisa a fazer seria

A. assinar uma newsletter com o melhor histórico comprovado
B. comprar um sistema de negociação com um histórico de lucratividade e baixas perdas
C. parar de operar até ter analisado suas piores operações e identificado a causa de suas perdas
D. continuar a operar porque as leis da probabilidade favorecem uma virada a seu favor mais cedo ou mais tarde

Questão 12

Ter uma grande conta de investimentos é desejável por todas as razões a seguir, *exceto*

A. você tem uma maior margem de segurança e pode se dar ao luxo de perder mais
B. você pode diversificar em mais mercados
C. você pode se dar ao luxo de operar vários contratos e fazer ajustes finos em suas entradas e saídas
D. suas despesas representam uma porcentagem menor de sua conta

Questão 13

Quais afirmações a seguir sobre os sistemas de negociação comercialmente vendidos são mais precisas?

I. Um longo histórico de sucesso proporciona confiança de que um sistema continuará a apresentar um bom desempenho.
II. O fato de um sistema ser vendido por um operador de mercado reconhecido oferece uma margem extra de confiança.
III. Os sistemas de negociação são projetados para comportar dados antigos e se autodestroem quando os mercados mudam.
IV. É possível comprar um sistema de um renomado analista e perder dinheiro com ele.

A. I e II
B. I e III
C. II e III
D. III e IV

Questão 14

Qual dos seguintes métodos analíticos funcionou de maneira espetacular durante um tempo nas mãos de um famoso guru?

A. Análise de volume
B. Teoria das ondas de Elliott
C. *Speedlines*
D. Todas as alternativas anteriores

Questão 15

O domínio de qual dos métodos a seguir é fundamental para o sucesso nas operações?

A. Análise dos ciclos
B. *Market Profile* (Perfil de Mercado)
C. Análise de Gann
D. Nenhuma das alternativas anteriores

Questão 16

Operar com base nos conselhos de um guru normalmente leva a quais dos resultados a seguir?

I. Lucros
II. Dependência psicológica
III. Domínio dos mercados
IV. Perda de iniciativa

A. I e II
B. II e IV
C. III e IV
D. I e III

Questão 17

Qual das seguintes afirmações sobre apostas em jogos *não* é verdadeira?

A. As apostas em jogos representam uma diversão social existente em praticamente todas as culturas.
B. Um profissional habilidoso pode ganhar a vida jogando.
C. As pessoas se viciam no entusiasmo do jogo.
D. Os jogos permitem uma rápida aquisição de riqueza.

Questão 18

Qual(is) das alternativas a seguir é um importante indicativo de atitude de aposta em jogos em relação às operações no mercado?

I. a incapacidade de resistir à compulsão de operar no mercado
II. sentir-se exultante quando as operações vão bem e envergonhado ao perder
III. sempre reverter as posições com prejuízo
IV. uma série de perdas nas operações

A. somente a I
B. I e II
C. I, II e III
D. I, II, III e IV

Questão 19

A conta de um operador de mercado mostra uma perda constante de valor. Cada operação bem-sucedida é seguida de mais perdas. Ele se beneficiaria de todas as ações a seguir, *exceto*

A. não abandonar seu sistema se ele tiver sido comprovado por testes históricos
B. manter e analisar os gráficos gerados ao entrar e sair de cada operação, com razões por escrito para a entrada e a saída
C. manter um diário descrevendo seus sentimentos ao entrar e ao sair de cada operação
D. desenvolver um novo sistema de negociação

Questão 20

No período de um ano, todos os eventos a seguir ocorrem na vida de um operador de mercado: ele recebe três multas de trânsito; ele deve pagar uma multa por declarar o imposto de renda com atraso; ele recebe duas repreensões por chegar atrasado a seu trabalho fixo; e sua conta de investimentos caiu 35%. Qual é o melhor conselho para esse operador de mercado?

A. A vida é dura. Tente ganhar muito dinheiro operando no mercado, peça demissão de seu emprego e contrate alguém para lidar com suas finanças.
B. Multas de trânsito não têm nenhuma relação com as operações de mercado – não se preocupe com elas.
C. Você está se sabotando e precisa se esforçar para mudar.
D. Mantenha-se firme; é difícil manter um emprego e operar no mercado ao mesmo tempo.

Questão 21

Escolha as duas afirmativas corretas sobre a psicologia das negociações no mercado.

I. Seus sentimentos têm um impacto imediato sobre o seu patrimônio.
II. Para vencer, é preciso ser mais inteligente do que a maioria dos operadores de mercado.
III. Sentir-se empolgado após operações lucrativas reforça bons hábitos de operar no mercado.
IV. O medo e a ganância têm um impacto maior sobre o seu patrimônio do que um brilhante sistema de negociação.

A. I e II
B. II e III
C. III e IV
D. I e IV

Questão 22

Você fez uma série de operações bem-sucedidas ao longo de vários meses. Agora é o momento de

I. parabenizar-se e aumentar o volume de seus investimentos
II. usar menos stops
III. tirar férias
IV. perceber que você se tornou um operador de mercado competente e passar menos tempo estudando os mercados

A. I e II
B. II e IV
C. I e III
D. III e IV

Questão 23

O principal objetivo de uma pessoa que entra nos Alcoólatras Anônimos, com quem um operador de mercado pode aprender, é

A. controlar os efeitos negativos da bebida
B. ir dormir sóbrio toda noite
C. não beber nos dias de trabalho
D. descobrir o que o compele a beber

Questão 24

Operadores de mercado perdedores costumam pensar e falar como alcoólatras. Um alcoólatra diz: "Meu chefe me despediu porque cheguei alguns minutos atrasado. O dono da casa onde moro está tentando me despejar porque meu aluguel está com um pequeno atraso. Preciso parar de beber por um tempo e resolver essas questões." Isso mostra que ele está

A. administrando sua vida
B. lidando com o problema de forma realista
C. tentando controlar os efeitos colaterais da bebida
D. praticando a negação

Questão 25

Os perdedores e os alcoólatras têm muito em comum. As diferenças entre um alcoólatra e uma pessoa que bebe socialmente incluem todos os elementos a seguir, à *exceção* de

A. uma pessoa que bebe socialmente consegue parar depois de uma dose
B. um alcoólatra continua se embriagando até sua vida deteriorar

C. uma pessoa que bebe socialmente decide quando beber e quando parar
D. uma pessoa que não bebe quando precisa trabalhar não é um alcoólatra

Questão 26

Os perdedores e os alcoólatras compartilham muitas características. Todas as características a seguir se aplicam aos alcoólatras, à *exceção* de

A. se um alcoólatra conseguir ficar sóbrio por um ano, ele pode começar a beber socialmente, com moderação
B. o primeiro passo para a recuperação é admitir que a pessoa não tem controle sobre o álcool
C. não faça planos para o longo prazo; permaneça sóbrio um dia de cada vez
D. quanto mais cedo um alcoólatra tiver uma crise e atingir o "fundo do poço", melhor para ele

Questão 27

A semelhança básica entre um operador de mercado perdedor e um alcoólatra é

A. Os perdedores são viciados na emoção de negociar no mercado da mesma forma que os alcoólatras são viciados em álcool.
B. Os perdedores escondem a extensão de suas perdas de si mesmos e dos outros, da mesma forma que os alcoólatras não revelam o quanto bebem.
C. Os perdedores tendem a sair do buraco por meio das operações no mercado, da mesma forma que os alcoólatras tentam passar de bebidas destiladas ao vinho.
D. Todas as alternativas anteriores.

Questão 28

A psicologia dos perdedores envolve todos os fatores a seguir, à *exceção* de

A. os perdedores consideram as operações de mercado muito empolgantes, mesmo quando isso leva a perdas

B. poucos perdedores se recuperam depois de destruir suas contas
C. os perdedores sabem que têm um problema pessoal com as negociações no mercado
D. os perdedores normalmente almejam uma "grande vitória"

Questão 29

O primeiro passo para um mau operador de mercado se recuperar das perdas e evitar ser um perdedor é:

A. "Preciso de um sistema de negociação melhor."
B. "Preciso encontrar um mercado em alta."
C. "Preciso aprender novos métodos de operação no mercado."
D. "Sou um perdedor."

Questão 30

Quando um operador de mercado diz: "Meu nome é Fulano de Tal e eu sou um perdedor", o resultado é

I. uma atitude temerosa em relação às negociações no mercado
II. a redução das perdas
III. evitar operar em excesso
IV. menores comissões e *slippage*

A. I e II
B. II e III
C. III e IV
D. I e IV

Questão 31

O fator mais importante para se tornar um operador de mercado bem-sucedido é

A. começar com um substancial capital inicial de investimentos
B. ser capaz de aprender com outros operadores de mercado bem-sucedidos

C. utilizar a razão em vez de tomar decisões emocionais
D. contar com competências úteis provenientes de sua experiência nos negócios ou em sua profissão

Questão 32

A maioria dos operadores de mercado entra no mercado

I. para ganhar dinheiro
II. para tornar-se independente
III. pelo desafio
IV. para divertir-se

A. I
B. I e II
C. I, II e III
D. I, II, III e IV

Questão 33

Se os mercados lhe parecerem misteriosos após um ano de operações, isso ocorre porque

A. seu comportamento de negociar no mercado é imprevisível
B. você não tem boas informações fundamentais ou técnicas
C. sua conta é pequena demais
D. os mercados são caóticos (*random walk*)

Questão 34

Todos os fatores a seguir podem ajudar os operadores de mercado a atingir o sucesso no longo prazo, à *exceção* de

A. ater-se a um plano de gestão de dinheiro
B. utilizar um sistema comprovado para encontrar negócios
C. interromper suas operações no mercado para refletir após uma série de perdas
D. retirar a maior parte dos lucros de sua conta

Questão 35

Uma operação de mercado começa quando

A. o mercado parece estar sobrecomprado (*overbought*) ou sobrevendido (*oversold*)
B. um indicador lhe dá um sinal de entrada
C. você decide fazer uma ordem de compra ou venda
D. uma newsletter faz uma recomendação atraente

2

Psicologia de massa

Quando opera comprado ou vendido, você se une a uma enorme multidão de operadores de mercado. Eles compram e vendem tentando lucrar com as próprias opiniões sobre os preços no futuro. O medo e a ganância criam ondas de otimismo e pessimismo em massa. Essas marés psicológicas, tão poderosas quanto as marés do oceano, varrem os mercados, fazendo com que eles subam ou desçam. A multidão é grande e forte – não é fácil argumentar com ela.

A multidão é forte mas primitiva. Suas ações seguem leis de psicologia social relativamente simples. Conhecer essas leis pode ajudá-lo a se unir à multidão quando for lucrativo e distanciar-se dela quando perceber que uma tendência está prestes a chegar ao fim. O trabalho de um analista de mercado é difícil porque a multidão tende a nos dominar mesmo quando só a observamos. Qualquer pessoa que já tenha participado de um comício político ou um grande show de música já sentiu o poder de atração da multidão.

Algumas questões deste capítulo testam seu conhecimento sobre as leis básicas da psicologia da multidão aplicada aos mercados financeiros. Outras o ajudam a testar o impacto da multidão nas negociações do mercado sobre os seus sentimentos e sua capacidade de julgamento.

Responda às três primeiras questões deste capítulo. Se acertar menos de duas respostas, revise os materiais de leitura recomendada. Se acertar duas ou três questões, continue com o restante do capítulo.

Este é um bom momento para refletir sobre os seus sentimentos e ações, racionais ou irracionais, quando opera no mercado. Tente relacionar as respostas a essas questões com as suas experiências de negociação no mercado.

Questões	*Tentativa 1*	*Tentativa 2*	*Tentativa 3*	*Tentativa 4*	*Tentativa 5*
36					
37					
38					
39					
40					
41					
42					
43					
44					
45					
46					
47					
48					
49					
50					
51					
52					
53					
54					
55					
Respostas corretas					

Questão 36

O preço é

A. a interseção das curvas de oferta e demanda
B. o valor de um objeto de negociação
C. um reflexo dos ativos de uma empresa no mercado de ações; um reflexo da demanda por uma commodity
D. o consenso de valor de todos os participantes de mercado no momento da operação

Questão 37

Qual das seguintes afirmações é *incorreta*?

A. Os touros apostam que os preços subirão; eles tendem a comprar ao menor preço possível.
B. Operadores de mercado indecisos pressionam os touros e os ursos por sua simples presença no mercado.
C. Os ursos apostam que os preços cairão; eles querem vender ao maior preço possível.
D. A meta de um analista técnico é prever quem vencerá – os touros ou os ursos – e se os preços subirão ou cairão.

Questão 38

Será útil entender o que acontece no mercado se você pensar nele como

A. um grupo de indivíduos racionais agindo para maximizar os ganhos.
B. uma multidão cujos membros tentam bater as carteiras uns dos outros enquanto são jogados de um lado para o outro por ondas de ganância e medo.
C. um fluxo constante de dados – uma combinação de informações úteis e caos.
D. uma festa repleta de bêbados oferecendo dinheiro a estranhos.

Questão 39

Quando você não sabe ao certo se deve comprar ou vender, vale a pena

A. manter-se distante do mercado ou fechar suas posições
B. buscar o aconselhamento do guru "da moda"
C. assistir ao noticiário financeiro na televisão ou ler um jornal para descobrir o que os outros estão fazendo
D. operar um volume menor do que de costume

Questão 40

Todos os lucros que você ganha nas operações de mercado provêm de

A. corretores
B. economia
C. operadores de mercado
D. bolsas de valores

Questão 41

As operações de mercado com base em informações privilegiadas

I. são ilegais nos Estados Unidos
II. são legais fora dos Estados Unidos
III. podem levar a perdas
IV. são legais nos mercados futuros

A. I
B. I e II
C. I, II e III
D. I, II, III e IV

Questão 42

Os investidores institucionais possuem todas essas vantagens sobre os operadores de mercado individuais, com a *exceção* de

A. grandes recursos financeiros
B. informações privilegiadas
C. maior flexibilidade
D. melhor treinamento

Questão 43

Os operadores de mercado individuais

I. normalmente entram no mercado depois de uma carreira bem-sucedida
II. normalmente perdem dinheiro nas operações de mercado
III. em geral, operam pelo desafio ou pela emoção
IV. não impõem a si mesmos nenhuma disciplina

A. I
B. I e II
C. I, II e III
D. I, II, III e IV

Questão 44

As newsletters de consultores

I. podem ajudá-lo a se informar sobre as novas idéias de investimentos
II. podem proporcionar uma boa diversão
III. são escritas por especialistas em investimentos
IV. oferecem uma boa alternativa de ganhar dinheiro nos mercados

A. I e II
B. II e III
C. III e IV
D. I e IV

Questão 45

Quando uma pessoa se une a uma multidão,

I. torna-se mais impulsiva e emotiva
II. beneficia-se dos pontos fortes dos outros
III. confia mais nos membros e nos líderes da multidão do que em si mesma
IV. consegue sair da multidão quando quiser

A. I e II
B. I e III
C. II e III
D. II e IV

Questão 46

As pessoas se unem a multidões devido

I. ao medo da incerteza
II. ao hábito
III. ao desejo de ser conduzido por líderes fortes
IV. à busca de conforto

A. I
B. I e II
C. I, II e III
D. I, II, III e IV

Questão 47

Qual(is) afirmação(ões) é (são) verdadeira(s)?

I. As multidões são primitivas; não há problema em utilizar estratégias simples de investimento.
II. É possível apostar contra o mercado e vencer.
III. Um bom operador de mercado sente-se exultante quando o mercado se move em sua direção e deprimido quando vai contra ele.
IV. As multidões no mercado estão quase sempre erradas.

A. I
B. I e II
C. I, II e III
D. I, II, III e IV

Questão 48

Identifique o principal líder de tendências de mercado.

A. Poderosos interesses financeiros
B. Gurus renomados
C. O próprio preço
D. Mudanças fundamentais na economia

Questão 49

Os mercados sobem quando

I. há mais compradores do que vendedores
II. os compradores são mais agressivos do que os vendedores
III. os vendedores estão temerosos e exigem um preço mais alto
IV. mais ações ou contratos são comprados do que vendidos

A. I e II
B. II e III
C. II e IV
D. III e IV

Questão 50

Quando a tendência é de baixa,

I. os vendedores a descoberto tendem a aumentar suas posições
II. os comprados tendem a abandonar o mercado, em repulsa
III. os comprados concordam em comprar apenas com um grande desconto
IV. os vendedores a descoberto estão dispostos a vender por um preço mais baixo

A. I
B. I e II
C. I, II e III
D. I, II, III e IV

Questão 51

Um choque de preço durante uma tendência de alta

I. é um súbito aumento do preço
II. é uma súbita queda do preço
III. faz com que os touros se sintam vulneráveis
IV. assusta os ursos

A. I e III
B. II e III
C. II e IV
D. I e IV

Questão 52

Um choque de preço interrompe uma alta do mercado mas os preços se recuperam. Quando os preços sobem para um novo pico, vários indicadores atingem um pico mais baixo. Este padrão é chamado de

A. divergência de alta
B. uma queda repentina do preço
C. divergência de baixa
D. um aumento repentino do preço

Questão 53

Estabeleça a correspondência das descrições com os tipos de operadores de mercado.

1. um operador de mercado que estuda relatórios de safras, taxas de utilização das indústrias e ações do Banco Central Norte-Americano
2. um operador de mercado que utiliza um computador para buscar padrões repetitivos nos preços
3. um operador de mercado que ouve a orientação de gurus em programas financeiros gratuitos
4. um operador de mercado que fica sabendo, por intermédio de seu sogro, sobre uma iminente tomada de controle

A. um participante baseado em palpites
B. um analista fundamentalista
C. um analista técnico
D. um insider

Questão 54

A análise técnica é

I. uma ciência
II. uma arte
III. um espelho que permite que os operadores de mercado vejam o que quiserem
IV. uma habilidade simples

A. I
B. I e II
C. I, II e III
D. I, II, III e IV

Questão 55

Os principais objetivos de um operador de mercado/analista consistem em

I. identificar a tendência atual
II. prever os preços no futuro próximo
III. prever os preços no longo prazo
IV. manter-se objetivo e livre de emoções

A. I e II
B. I e IV
C. II e III
D. III e IV

3

Análise de gráficos clássica

Os primeiros analistas de gráficos tiveram uma idéia revolucionária. Eles descobriram que poderiam tomar decisões racionais sobre investimentos com base nos dados de preço e volume – sem as informações econômicas fundamentais sobre as empresas cujas ações eles negociavam. Essa descoberta foi especialmente importante em uma época na qual as negociações privilegiadas eram feitas de forma mais desenfreada do que nos dias de hoje.

O número de objetos de negociação ao redor do mundo continua a crescer. Desde que você compreenda os princípios universais dos gráficos, é possível aplicá-los a ações, obrigações, câmbio, futuros e opções ou qualquer outro mercado.

Se você tiver dados precisos sobre os preços máximos, mínimos e de fechamento, além de informações sobre preços de abertura, volume e contratos em aberto, será possível avaliar de forma inteligente o equilíbrio de forças entre os touros e os ursos. Com isso, você pode operar na direção do grupo dominante de mercado e evitar se unir aos perdedores.

Responda às três primeiras questões deste capítulo. Se você acertar menos de duas respostas, revise os materiais de leitura recomendada. Se acertar duas ou três questões, prossiga para o restante do capítulo. Você será solicitado a tomar decisões sobre investimentos utilizando os gráficos. Pode ser relativamente fácil reconhecer padrões no meio de um gráfico, mas é muito mais difícil notar bons sinais de negociação à medida que se aproxima da borda direita. É neste ponto que você precisará tomar suas decisões sobre investimentos – em meio à incerteza, ao ruído e à tensão dos mercados.

Questões	*Tentativa 1*	*Tentativa 2*	*Tentativa 3*	*Tentativa 4*	*Tentativa 5*
56					
57					
58					
59					
60					
61					
62					
63					
64					
65					
66					
67					
68					
69					
70					
71					
72					
73					
74					
75					
76					
77					
78					
79					
80					
Respostas corretas					

Questão 56

Estabeleça a correspondência das afirmações sobre os significados dos preços.

1. Opinião dos amadores
2. Opinião dos profissionais
3. Auge do poder dos touros
4. Auge do poder dos ursos

A. A máxima do dia
B. A mínima do dia
C. O preço de fechamento
D. O preço de abertura

Questão 57

Três analistas observam o mesmo gráfico. Um argumenta que a tendência é de alta; outro, que a tendência é de baixa; e o terceiro, que a tendência é neutra. Provavelmente,

I. um ou dois desses analistas pode estar praticando a tomada de decisões com base na esperança (*wishful thinking*)
II. esses analistas podem não concordar sobre a definição básica das tendências
III. esses analistas podem estar observando diferentes referências temporais
IV. se mil analistas observassem o mesmo gráfico, eles não chegariam a uma conclusão consensual

A. I
B. I e II
C. I, II e III
D. I, II, III e IV

Questão 58

Ao tentar entrar em um mercado com liquidez em um dia tranqüilo, você provavelmente encontrará

A. uma *slippage* mais alta
B. comissões mais altas
C. uma *slippage* mais baixa
D. comissões mais baixas

Questão 59

Qual linha na Figura 1 indica apenas o nível de suporte?

A
B
C
D

Figura 1

Questão 60

As linhas de suporte e resistência deveriam

I. ser traçadas cruzando as bordas das áreas de congestionamento.
II. ser traçadas para tocar preços extremamente altos ou baixos.
III. ligar máximas com mínimas e mínimas com máximas.
IV. ligar máximas com máximas e mínimas com mínimas.

A. I e II
B. II e III
C. III e IV
D. I e IV

Questão 61

A força de uma área de suporte ou resistência depende de

I. do número de vezes que os preços atingiram essa área
II. do volume de operações nessa área
III. da altura dessa área
IV. do tempo que os preços se mantiveram nessa área

A. I
B. I e II
C. I, II e III
D. I, II, III e IV

Questão 62

Os preços passam várias semanas em uma área de congestionamento e depois fecham abaixo do suporte. Para operar no dia seguinte,

I. opere vendido se os preços caírem a uma nova mínima, definindo um stop dentro da área de congestionamento
II. opere comprado se os preços não caírem a uma nova mínima, definindo um stop abaixo da mínima de ontem
III. opere vendido na abertura
IV. opere comprado na abertura

A. I
B. I e II
C. I, II e III
D. I, II, III e IV

Questão 63

Um operador de mercado compra óleo para aquecimento no ponto 1 da Figura 1, no meio de uma pequena área de congestionamento, com um stop de proteção imediatamente abaixo. O óleo para aquecimento sobe. No ponto 2, qual alternativa a seguir *não* é uma boa escolha?

A. Estreitar seu stop.
B. Não fazer nada.
C. Reforçar sua posição.
D. Realizar lucros parciais.

Questão 64

Faça a correspondência das alternativas abaixo com as linhas identificadas com letras na Figura 2.

1. Linha de tendência de alta
2. Suporte
3. Linha de tendência de baixa
4. Resistência

Questão 65

Quais alternativas a seguir se aplicam às tendências e quais se aplicam às faixas de negociação?

A. Cada subida do mercado atinge um ponto mais alto
B. Cada queda pára aproximadamente no mesmo nível.
C. Compre fraqueza, venda força.
D. Compre força, venda fraqueza.
E. Reforce suas posições.
F. Corra ao primeiro sinal de reversão.

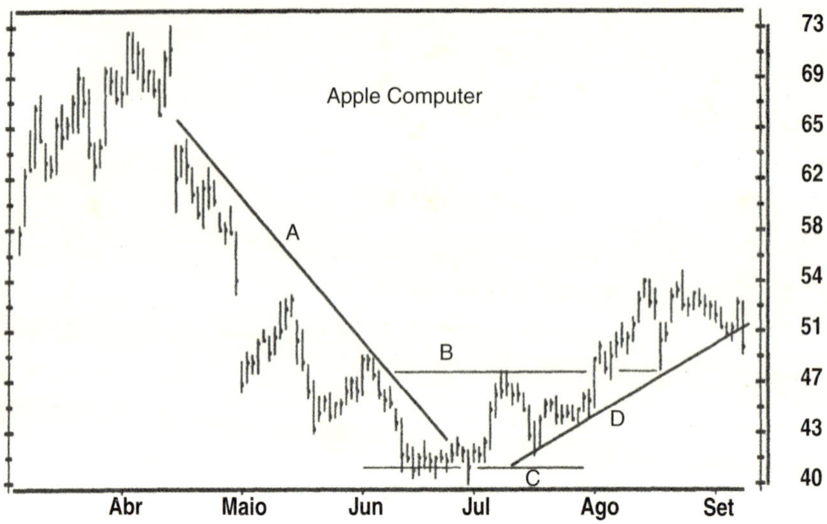

Figura 2

Questão 66

Analise os quatro últimos dias de negociação na Figura 2 e faça a correspondência das afirmações com os dias.

1. Um movimento amplo indica que a tendência de alta pode ter chegado ao fim; fique fora do mercado.
2. Um movimento amplo indica força; mantenha-se comprado, eleve os stops para proteger algum lucro.
3. Os preços estão estáveis na linha de tendência em alta; mantenha-se comprado.
4. Os preços caem para o suporte na linha de tendência em alta; a faixa mais estreita do dia mostra que os ursos estão fracos; opere comprado.

A. Quarto dia a partir do final
B. Terceiro dia a partir do final

C. Penúltimo dia
D. Último dia

Questão 67

Qual(is) tática(s) a seguir funciona(m) bem nas tendências de alta?

I. Compre rompimentos para novas máximas.
II. Compre retrocessos no suporte.
III. Compre quando os lucros de sua posição comprada anterior estiverem protegidos por um stop.
IV. Compre quando os preços se elevarem acima da mínima anterior.

A. I
B. I e II
C. I, II e III
D. I, II, III e IV

Questão 68

Qual linha de tendência mostrada na Figura 3 é a melhor e por quê?

A. A linha de tendência 1, porque liga fundos de queda em uma tendência de alta.
B. A linha de tendência 2, porque liga fundos de áreas de congestionamento.
C. A linha de tendência 1, porque permanece inviolada na posição comprada ao longo da tendência de alta.
D. A linha de tendência 2, porque tem mais pontos de contato com os preços.

Questão 69

Qual das alternativas a seguir não se aplica às "caudas", marcadas com um "C" na Figura 3?

A. Quando uma cauda aponta para baixo, opere vendido.
B. As caudas são barras independentes que se destacam em áreas de congestionamento compactas.

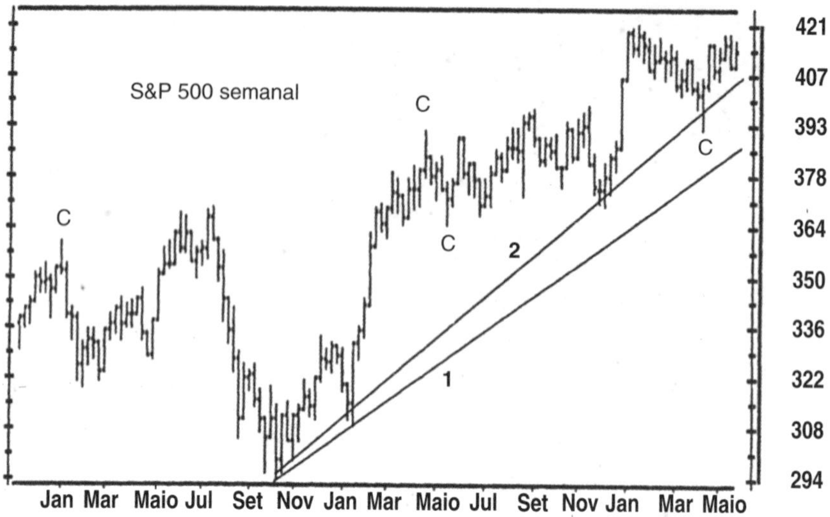

Figura 3

C. Quando uma cauda aponta para cima, dê um sinal de venda.
D. Os mercados geralmente dão uma guinada a partir dessas "caudas".

Questão 70

Classifique em ordem de importância as seguintes características das linhas de tendência:

I. O número de contatos entre os preços e uma linha de tendência.
II. Volume em expansão quando os preços se distanciam de uma linha de tendência.
III. A inclinação de uma linha de tendência.
IV. A duração de uma linha de tendência.

A. I, II, III, IV
B. II, III, IV, I
C. III, IV, I, II
D. IV, I, II, III

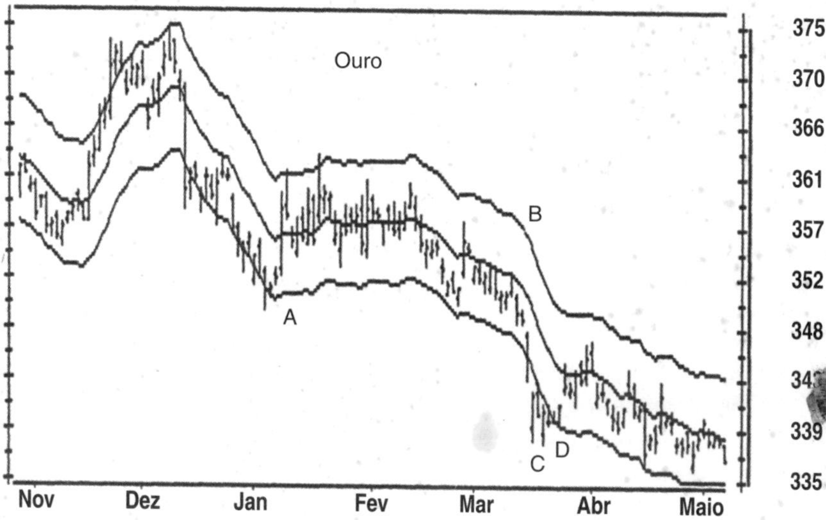

Figura 4

Questão 71

Qual das afirmativas relativas a rompimentos de linha de tendência é verdadeira?

A. Quando os preços rompem uma linha de tendência de alta e depois retrocedem de baixo, venda a descoberto.
B. Quando os preços rompem uma linha de tendência de alta, opere vendido imediatamente.
C. Quando os preços fecham abaixo de uma linha de tendência em elevação, a tendência de alta está morta.
D. Se os preços subirem verticalmente acima de sua linha de tendência de alta, mantenha stops abaixo dessa linha de tendência.

Questão 72

Faça a correspondência dos gaps a seguir com as letras na Figura 4.

1. Gap comum
2. Gap de corte

3. Gap de continuação
4. Gap de exaustão
5. Ilha de reversão

Questão 73

Os gaps de overnight são causados por

I. um desequilíbrio entre ordens de compra e venda na abertura
II. negociações no exterior
III. a falta de disposição dos operadores de sala de negociações de comprar ou vender na faixa do dia anterior
IV. reações às notícias

A. I
B. I e II
C. I, II e III
D. I, II, III e IV

Questão 74

Faça a correspondência de cada gap com a melhor tática de operação.

1. Gap comum
2. Gap de corte de alta
3. Gap de continuação de alta
4. Gap de exaustão de alta

A. Compre com um stop abaixo do gap.
B. Fique fora do mercado ou opere contra o gap.
C. Opere vendido.
D. Espere um retrocesso.

Questão 75

Identifique os componentes a seguir de um topo cabeça-e-ombros fazendo a correspondência com as letras da Figura 5.

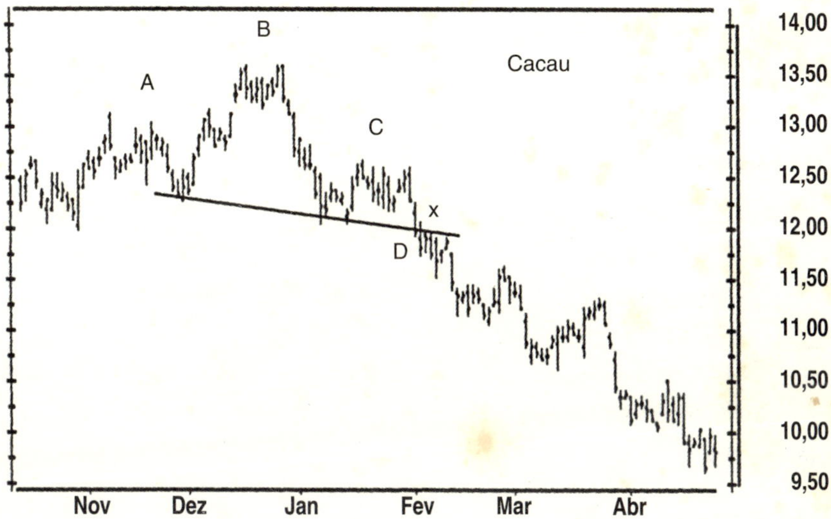

Figura 5

1. Ombro direito
2. Linha de pescoço
3. Cabeça
4. Ombro esquerdo

Questão 76

Se você vender a descoberto na área C da Figura 5,

I. coloque um stop de proteção para cobrir as posições vendidas acima da área B.
II. faça uma ordem para operar comprado na área B.
III. reforce as posições vendidas depois de os preços romperem a linha de pescoço D e retroceda a ela.
IV. realize o lucro quando os preços caírem para a linha de pescoço D.

A. I
B. I e II
C. I, II e III
D. I, II, III e IV

Questão 77

Mantendo em mente que os mercados freqüentemente ultrapassam as projeções para baixo de topos cabeça-e-ombros, analise o gráfico do cacau. Em fevereiro, no ponto X da Figura 5, podemos esperar que o mercado caia pelo menos a que nível?

A. 11,00
B. 10,30
C. 9,70
D. Nenhuma das alternativas anteriores

Questão 78

Indique qual(is) afirmação(ões) a seguir se aplica(m) aos triângulos (T), aos retângulos (R) ou a ambos.

A. Uma área de congestionamento cujas fronteiras marcam as áreas do poder máximo dos touros e dos ursos.
B. Uma área de congestionamento cujas fronteiras convergem.
C. Os primeiros rompimentos são especialmente significativos.
D. Quanto mais tempo durar, mais significativo será o rompimento.

Questão 79

Identifique os padrões a seguir na Figura 6.

1. Triângulo simétrico
2. Triângulo ascendente
3. Triângulo descendente
4. Retângulo

Questão 80

A tendência é de alta e os preços estão no meio do triângulo B na Figura 6. Um operador de mercado pode

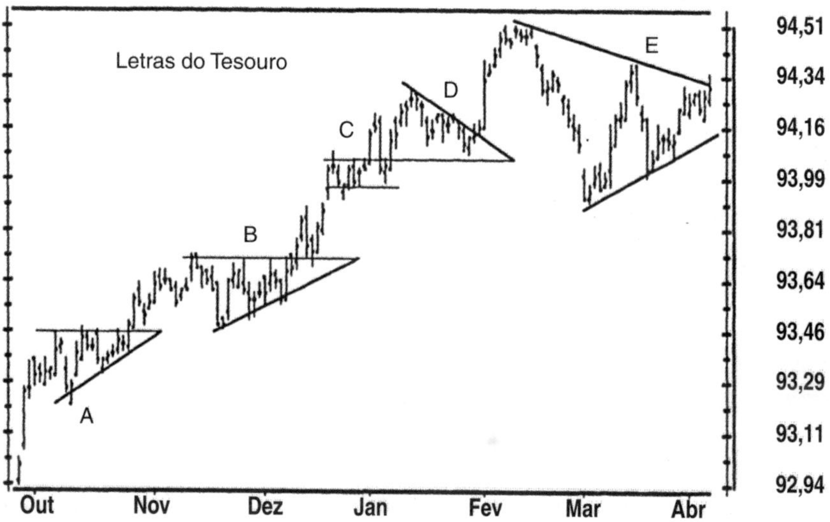

Figura 6

I. fazer uma ordem de compra em um rompimento acima da fronteira superior
II. fazer uma ordem de compra na fronteira inferior
III. esperar por um rompimento de alta e depois operar comprado em um retrocesso
IV. cancelar todas as ordens de venda

A. I
B. I e II
C. I, II e III
D. I, II, III e IV

4

Análise técnica computadorizada

Um operador de mercado tem mais concorrentes hoje em dia do que nunca. Os mercados cresceram e os dados são instantaneamente divulgados ao redor do globo. Os computadores podem ajudá-lo a lidar com esse fluxo torrencial de informações de mercado e conseguir uma vantagem sobre os seus concorrentes.

A análise técnica computadorizada requer investimento em tecnologia. Ela pode fazer com que suas operações sejam mais objetivas. Os indicadores não mentem – quando estiverem em alta, estarão claramente em alta e, quando estiverem em baixa, estarão claramente em baixa.

Comece respondendo às primeiras três questões deste capítulo. Se acertar menos de duas respostas, revise os materiais de leitura recomendada. Se acertar duas ou três questões, prossiga para o restante do capítulo. Se tiver um software de análise técnica, sinta-se à vontade para utilizá-lo ao responder às questões deste capítulo.

Questões	*Tentativa 1*	*Tentativa 2*	*Tentativa 3*	*Tentativa 4*	*Tentativa 5*
81					
82					
83					
84					
85					
86					
87					
88					
89					
90					
91					
92					
93					
94					
95					
96					
97					
98					
99					
100					
101					
102					
103					
104					
105					
106					
107					
108					
109					
110					
111					
112					
Respostas corretas					

Questão 81

A análise técnica computadorizada

I. é mais objetiva do que a análise de gráficos clássica
II. permite que os operadores de mercado prevejam o futuro
III. exclui as emoções das negociações no mercado
IV. garante o sucesso das negociações no mercado

A. I
B. I e II
C. I, II e III
D. I, II, III e IV

Questão 82

Tornar-se um operador de mercado informatizado envolve adquirir um computador, software e dados para a análise. Qual é a melhor ordem para selecioná-los?

A. Dados, software, computador
B. Software, computador, dados
C. Computador, dados, software
D. Não faz muita diferença

Questão 83

Faça a correspondência dos pacotes de software para operações no mercado com os seus tipos.

1. Você entra os dados atuais do mercado nesse tipo de programa e recebe sinais específicos de compra e venda.
2. O mesmo que o anterior, mas você pode escolher um período mais longo ou mais curto para análise, bem como os pesos relativos dos dois indicadores.
3. Um conjunto de opções e indicadores para análise de gráficos

A. Uma caixa cinza
B. Caixa de ferramentas
C. Caixa preta

Questão 84

Faça a correspondência das descrições com os nomes dos três principais grupos de indicadores técnicos.

1. Fornecem insights na psicologia de massa dos mercados.
2. Captam pontos de inflexão nos mercados horizontais, mas emitem sinais prematuros e perigosos quando os mercados começam a seguir uma tendência.
3. Funcionam melhor quando os mercados estão em alta ou em baixa, mas fornecem sinais ruins quando os mercados estão na horizontal.

A. Osciladores
B. Rastreadores de tendências
C. Indicadores mistos

Questão 85

Uma ação fechou em 23, 22, 21, 20, 23 e 24 durante os últimos seis dias. Qual é a média móvel simples de cinco dias no último dia?

A. 21
B. 22
C. 23
D. Nenhuma das alternativas anteriores

Questão 86

As médias móveis exponenciais (MMEs) funcionam melhor do que as MM simples por todos os motivos a seguir, com a *exceção* de que as MMEs

A. são mais fáceis de calcular manualmente
B. reagem mais rapidamente a mudanças nos preços
C. não saltam em resposta a dados antigos
D. acompanham mais de perto a disposição geral da multidão

Questão 87

A mensagem mais importante de uma média móvel exponencial é

A. a amplitude de seu intervalo temporal
B. sua capacidade de subir para uma nova máxima

C. sua capacidade de cair para uma nova mínima
D. a direção de sua inclinação

Questão 88

Faça a correspondência das estratégias a seguir com as seções indicadas com letras na Figura 7.

1. Opere somente em posições compradas.
2. Opere somente em posições vendidas.
3. Opere comprado ligeiramente abaixo da média móvel exponencial.
4. Opere vendido ligeiramente acima da média móvel exponencial.

Questão 89

Faça a correspondência das táticas a seguir com as áreas numeradas da Figura 7.

A. Opere comprado, com um stop de proteção ligeiramente abaixo da mínima mais recente.

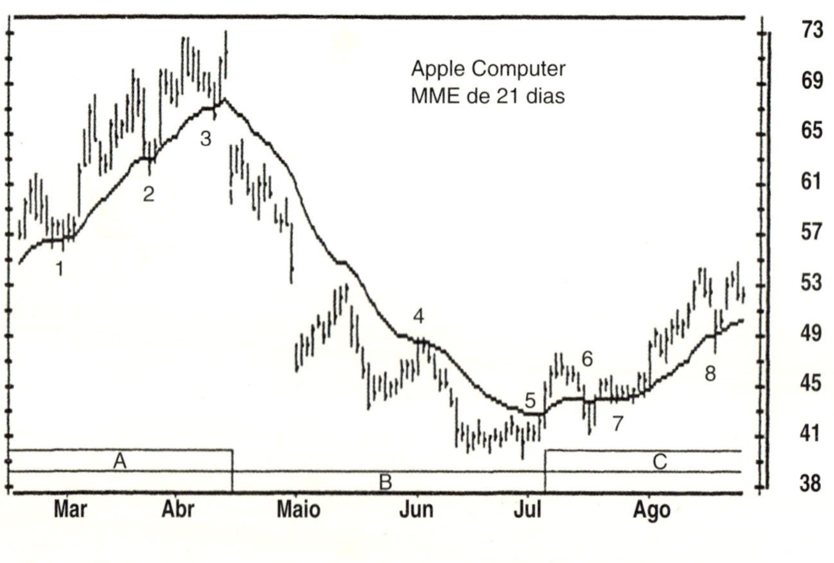

Figura 7

B. Opere vendido, com um stop de proteção ligeiramente acima da máxima mais recente.
C. Liquide as posições e fique fora do mercado – o mercado pode estar mudando.

Questão 90

Quais afirmações a seguir em relação à convergência-divergência da média móvel (MACD) são verdadeiras?

I. A linha rápida MACD reflete o pessimismo ou o otimismo de curto prazo.
II. A linha lenta MACD reflete o otimismo ou o pessimismo de longo prazo.
III. Quando a linha rápida estiver acima da linha lenta, os touros estarão no controle.
IV. Quando a linha rápida estiver abaixo da linha lenta, os ursos estarão no controle.

A. I e II
B. III e IV
C. Nenhuma das alternativas anteriores
D. I, II, III e IV

Questão 91

Qual das seguintes afirmações sobre o histograma MACD *não* é verdadeira?

A. Ele mensura o spread entre as linhas MACD rápidas e lentas.
B. Quando sobe, ele mostra que os touros estão no controle.
C. Ele prevê preços mais altos ou mais baixos.
D. Ele identifica o grupo dominante de mercado.

Questão 92

As afirmações a seguir são aplicáveis a quais áreas identificadas com letras na Figura 8?

1. O histograma MACD sobe para uma nova máxima – espere que os preços retestem ou superem o último pico de preços.
2. O histograma MACD cai para uma nova mínima – espere que os preços retestem ou superem o último fundo de preços.

3. Uma divergência de baixa.
4. Uma divergência de alta.

Questão 93

Na borda direita da Figura 8, o histograma MACD está indicando que

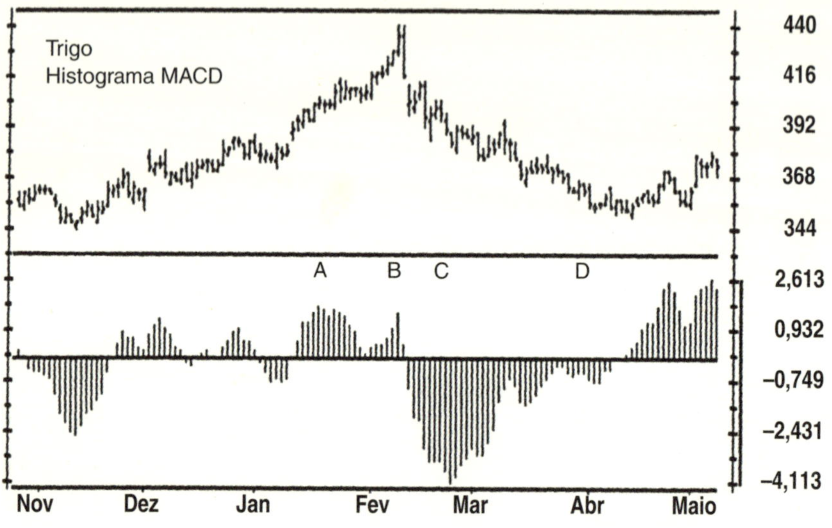

Figura 8

A. a última máxima de preço provavelmente será testada ou superada; opere comprado imediatamente
B. os ursos estão no controle; opere vendido imediatamente
C. compre no próximo retrocesso
D. venda a descoberto na próxima alta do mercado

Questão 94

Qual dos seguintes elementos descreve o movimento direcional?

A. a parte da barra de hoje que está acima da barra do dia anterior
B. a parte da barra de hoje que está abaixo da barra do dia anterior
C. a maior parte da barra de hoje que está fora da barra do dia anterior
D. Nenhuma das alternativas anteriores

Questão 95

Faça a correspondência das ações a seguir com as áreas da Figura 9 identificadas com letras.

1. Quando o indicador embica para baixo iniciando acima das duas linhas direcionais, realize ao menos lucros parciais.
2. Quando o indicador direcional penetra acima da linha direcional inferior, opere na direção da linha direcional superior.
3. Quando o indicador direcional sobe acima de ambas as linhas direcionais, a tendência está madura e pronta para uma reversão.
4. Não utilize um método de rastreamento de tendências quando o indicador direcional estiver abaixo de ambas as linhas direcionais.

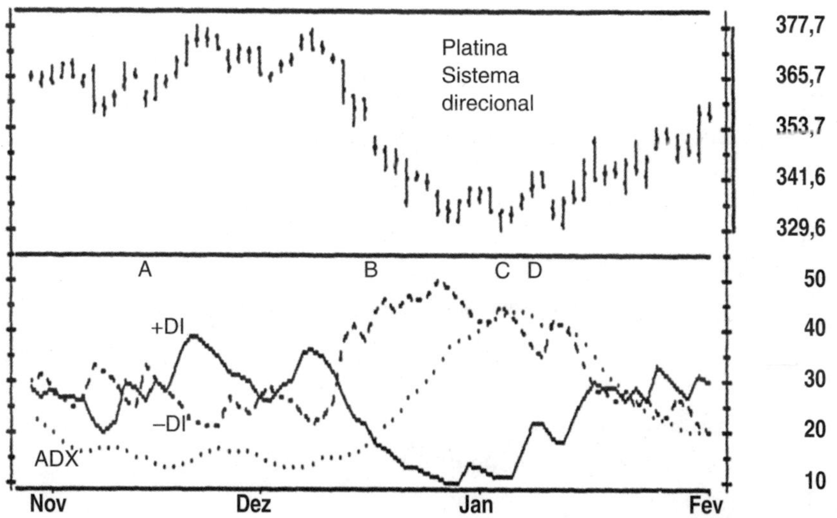

Figura 9

Questão 96

Na borda direita da Figura 9, o sistema direcional está indicando para

I. operar comprado
II. operar vendido
III. manter-se fora do mercado
IV. utilizar outros indicadores

A. I e III
B. II e III
C. II e IV
D. III e IV

Questão 97

Os osciladores podem ajudar os operadores de mercado em todas as alternativas a seguir, com *exceção* de

A. captar todos os topos e fundos.
B. identificar os extremos do pessimismo e do otimismo das massas.
C. mensurar a velocidade dos movimentos do mercado.
D. apostar contra os desvios e a favor de um retorno à normalidade.

Questão 98

Faça a correspondência das afirmações a seguir sobre os osciladores:

1. Alto nível de um oscilador – associado aos topos
2. Baixo nível de um oscilador – associado aos fundos
3. Uma linha cruzando os picos de um oscilador
4. Uma linha cruzando as mínimas de um oscilador

A. Linha de referência inferior
B. Sobrevendido (*oversold*)
C. Sobrecomprado (*overbought*)
D. Linha de referência superior

Questão 99

Quando um oscilador atinge seu pico mais alto em vários meses, qual das seguintes alternativas é a *menos* provável?

A. A recuperação do mercado provavelmente será interrompida.
B. Os preços provavelmente aumentarão para uma máxima mais alta.
C. Os sinais de venda devem ser ignorados.
D. Os preços provavelmente cairão.

Questão 100

Com o mercado em uma tendência de baixa, um oscilador, como o *momentum* de 7 dias da Figura 10, identifica

I. oportunidades de operar a descoberto
II. áreas de venda
III. oportunidades de compra
IV. áreas de cobertura de posições vendidas

A. I e II
B. III e IV
C. I, II, III e IV
D. Nenhuma das alternativas anteriores

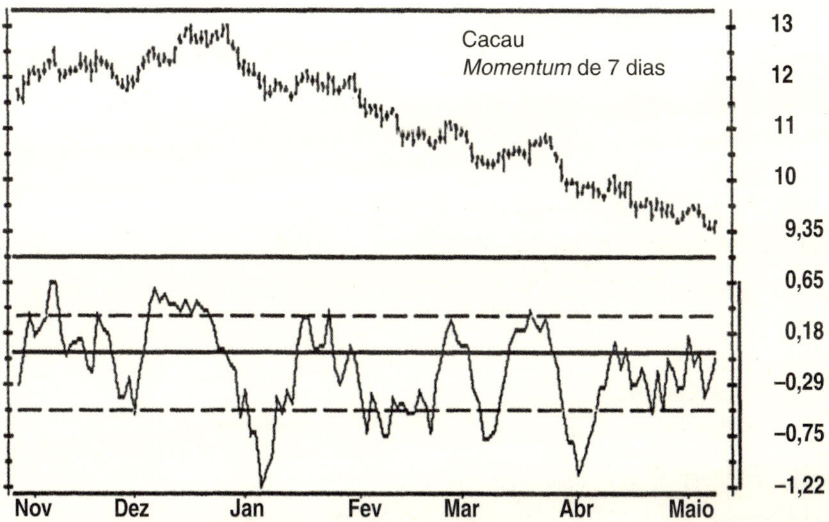

Figura 10

Questão 101

As divergências entre os indicadores e os preços fornecem alguns dos sinais de compra e venda mais poderosos na análise técnica. Faça a correspondência das alternativas a seguir com os pares dos gráficos identificados com letras na Figura 11.

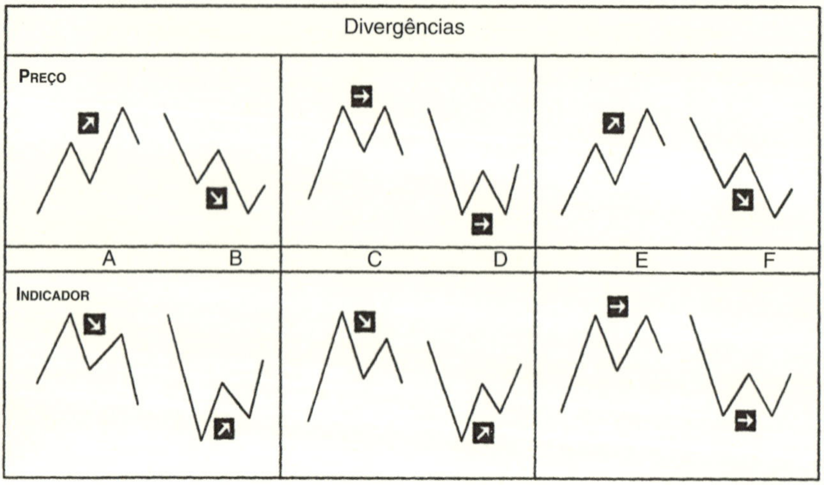

Figura 11

1. Divergência de alta de classe A
2. Divergência de baixa de classe A
3. Divergência de alta de classe B
4. Divergência de baixa de classe B
5. Divergência de alta de classe C
6. Divergência de baixa de classe C

Questão 102

O Williams %R mede a situação de cada preço de fechamento em relação

A. a uma máxima recente
B. a uma mínima recente
C. a uma faixa de negociação recente
D. à média móvel

Questão 103

Identifique as formações do Williams %R a seguir fazendo a correspondência com as letras da Figura 12.

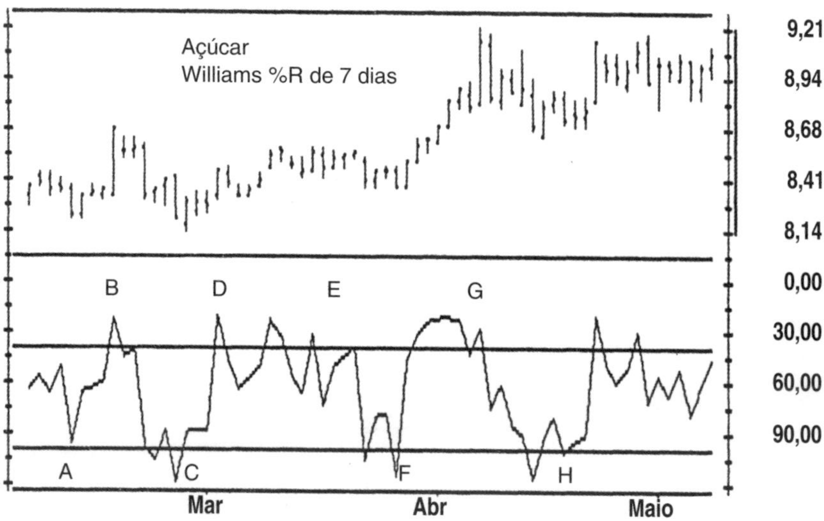

Figura 12

1. Sobrecomprado (*overbought*)
2. Sobrevendido (*oversold*)
3. Divergência de alta
4. Divergência de baixa
5. *Failure swing*

Questão 104

A borda direita da Figura 12 indica que

I. O Wm%R está subindo; opere comprado.
II. O Wm%R está traçando uma divergência de baixa de classe B; opere vendido.
III. a tendência de alta iniciada em março está intacta; opere comprado.
IV. a tendência de alta parou um mês atrás; opere vendido.

A. I e III
B. II e IV
C. I, II, III e IV
D. Nenhuma das alternativas anteriores

Questão 105

Para definir a amplitude do intervalo temporal estocástico,

I. faça com que seja de cinco dias.
II. faça com que seja a metade do ciclo de mercado.
III. faça com que seja de 21 dias.
IV. na dúvida, defina um intervalo menor.

A. I e II
B. II e III
C. II e IV
D. I e IV

Questão 106

Faça a correspondência das afirmativas a seguir sobre o estocástico.

1. Poder máximo dos touros para os últimos cinco dias
2. Capacidade dos touros ou ursos de fechar o mercado a seu favor
3. Poder máximo dos ursos para os últimos cinco dias
4. Consenso de valor ao final do dia de negociação

A. Último preço de fechamento
B. Estocástico de cinco dias
C. Máxima de cinco dias
D. Mínima de cinco dias

Questão 107

Identifique as formações de estocástico a seguir, fazendo a correspondência com as letras da Figura 13.

1. Sobrecomprado (*overbought*)
2. Sobrevendido (*oversold*)
3. Divergência de alta
4. Divergência de baixa
5. *Failure swing*

Questão 108

Na borda direita da Figura 13, a mensagem para as operações de mercado é

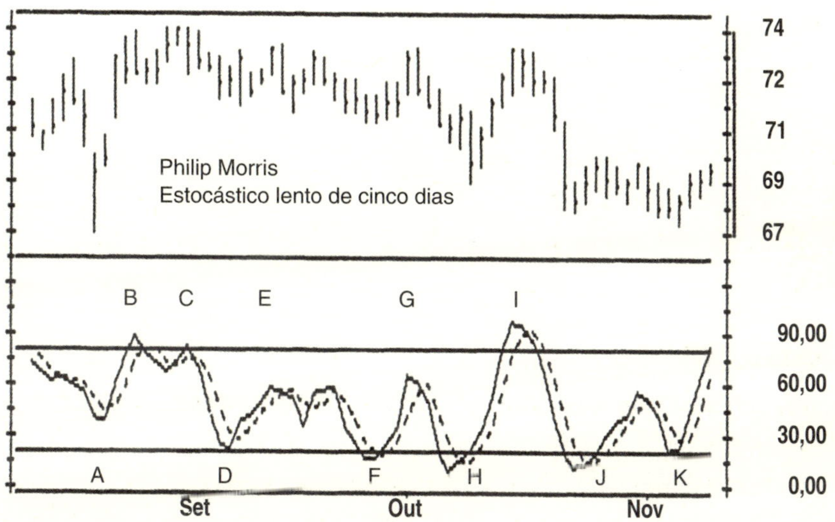

Figura 13

A. o estocástico está sobrecomprado (*overbought*); opere vendido
B. o estocástico está subindo; opere comprado
C. a tendência de baixa que teve início em agosto ainda está ativa; opere vendido
D. fique de fora do mercado

Questão 109

Cada preço representa um consenso de valor momentâneo entre todos os participantes do mercado. O preço de fechamento representa o consenso mais importante do dia porque

I. os mercados tendem a ser dominados por operadores profissionais no momento do fechamento.
II. a liquidação das contas dos operadores de mercado depende dos preços de fechamento.

III. todos os operadores de mercado com posições em aberto não podem fazer nada até a reabertura do mercado.
IV. os preços de fechamento são divulgados em muitos jornais.

A. I
B. I e II
C. I, II e III
D. I, II, III e IV

Questão 110

Identifique a seguir as formações do RSI (índice de força relativa) na Figura 14.

1. Sobrecomprado (*overbought*)
2. Sobrevendido (*oversold*)
3. Divergência de alta
4. Divergência de baixa
5. Rompimento de linha de tendência

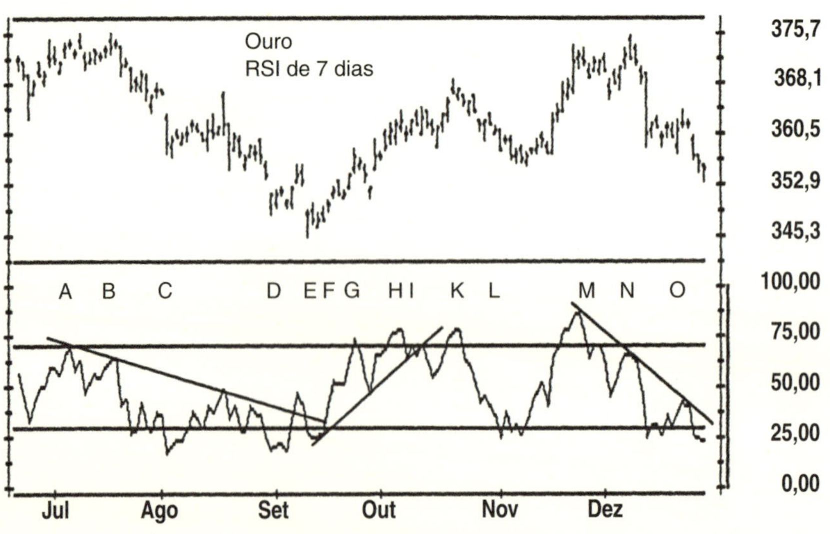

Figura 14

Questão 111

O que diferencia o índice de força relativa (RSI) da maioria dos outros indicadores?

I. Ele se baseia exclusivamente nos preços de fechamento.
II. Ele mostra mais divergências do que os outros indicadores.
III. Ele identifica condições sobrecompradas e sobrevendidas nos mercados.
IV. Ele se aplica particularmente bem à análise de linhas de tendência.

A. I e II
B. II e III
C. III e IV
D. I e IV

Questão 112

Na borda direita da Figura 14, o RSI indica que

A. o ouro está sobrevendido; mantenha as posições a descoberto ou realize o lucro nas posições vendidas.
B. as tendências do ouro e do RSI estão em queda; opere vendido.
C. há uma divergência de alta; opere comprado.
D. os sinais são mistos; fique fora do mercado por enquanto.

5

Os elementos essenciais negligenciados

Os analistas e os operadores de mercado iniciantes só prestam atenção aos preços. Eles observam seus objetos de negociação subirem e caírem e ficam hipnotizados com o movimento. Eles podem chegar a contar os centavos a cada inflexão para cima e para baixo.

Os analistas experientes podem ver os mercados com muito mais profundidade comparando as mudanças dos preços com o volume das transações. Eles também relacionam cada mudança de preço ao período necessário para concretizá-la. Contratos em aberto fornecem um insight adicional no equilíbrio de forças entre os touros e os ursos.

Responda às três primeiras questões deste capítulo. Se acertar menos de duas respostas, revise os materiais de leitura recomendada. Se acertar duas ou três questões, prossiga para o restante do capítulo. Se não negociar futuros ou opções e não quiser estudar os contratos em aberto, pule as questões sobre os contratos em aberto e acrescente cinco pontos à sua pontuação.

Questões	*Tentativa 1*	*Tentativa 2*	*Tentativa 3*	*Tentativa 4*	*Tentativa 5*
113					
114					
115					
116					
117					
118					
119					
120					
121					
122					
123					
124					
125					
126					
127					
128					
129					
130					
131					
132					
133					
Respostas corretas					

Questão 113

Qual(is) afirmação(ões) a seguir se aplica(m) ao volume?

I. Número de operações durante determinado período
II. Número de ações ou contratos negociados
III. Número de mudanças de preço durante um período
IV. Atividade dos operadores de mercado e dos investidores

A. I
B. II e III
C. IV
D. I, II, III e IV

Questão 114

O volume reflete todas as alternativas a seguir, com *exceção* de

A. Como os participantes do mercado reagirão às mudanças de preço futuras
B. Quantos vencedores e perdedores estão ativos no mercado
C. Se as massas de perdedores estão se mantendo firmes ou fugindo
D. O nível de envolvimento emocional entre os operadores de mercado

Questão 115

O mercado tem estado em alta por vários meses em um padrão organizado de recuperações e quedas não-acentuadas; uma nova recuperação está em progresso. Faça a correspondência das afirmações a seguir sobre o volume.

1. O volume está ligeiramente mais alto do que durante a recuperação anterior.
2. O volume é o dobro em relação à recuperação anterior.
3. O volume é a metade em relação à recuperação anterior.
4. O volume é aproximadamente o mesmo em relação à recuperação anterior.

A. Os ursos estão em pânico; realize pelo menos lucros parciais em posições compradas.
B. A tendência de alta é saudável; mantenha as posições compradas ou reforce-as.

C. A tendência de alta está perdendo a força; realize pelo menos lucros parciais em posições compradas.
D. A tendência de alta é saudável; mantenha as posições compradas.

Questão 116

Identifique os padrões de volume a seguir fazendo a correspondência com as letras da Figura 15.

1. O volume encolhe enquanto os preços atingem uma nova máxima; espere um topo; venda as posições compradas ou eleve os stops.
2. O volume sobe à medida que os preços caem; espere um fundo mais baixo; realize lucros em posições a descoberto e prepare-se para operar comprado.
3. Os preços se recuperam com a expansão do volume; espere preços mais altos no futuro; opere comprado e reforce as posições compradas.
4. O volume se expande enquanto os preços caem; espere preços mais baixos no futuro; mantenha as posições a descoberto ou reforce-as.
5. O volume encolhe enquanto os preços caem para uma nova mínima; espere um fundo; realize o lucro nas posições a descoberto ou estreite os stops.

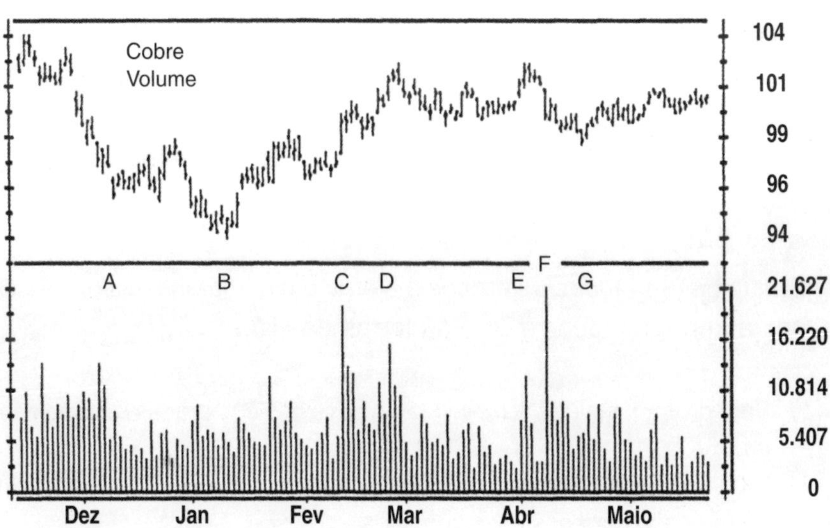

Figura 15

Questão 117

Na borda direita da Figura 15, o padrão de volume e preços indica que

A. os preços estão subindo desde o fundo mais baixo em abril; opere comprado.
B. os preços estão perto do topo de uma faixa de duas semanas, enquanto o volume está mais baixo; opere vendido.
C. o volume tem aumentado durante a última recuperação; opere comprado.
D. é melhor ficar fora do mercado por enquanto.

Questão 118

O *on-balance volume* (OBV – saldo de volume)

I. confirma as ações dos ursos quando cai para uma nova mínima.
II. acompanha o total móvel dos comprometimentos emocionais dos operadores de mercado.
III. em geral, atinge um novo pico antes de um novo pico do preço.
IV. sobe sempre que o mercado fecha em baixa.

A. I
B. I e II
C. I, II e III
D. I, II, III e IV

Questão 119

Identifique as formações de preços a seguir e o *on-balance volume* (OBV) fazendo a correspondência com as letras da Figura 16.

1. Uma divergência de baixa; venda as posições compradas e opere vendido.
2. Uma nova mínima do OBV; espere preços mais baixos no futuro; opere no mercado com posições vendidas.
3. Um novo pico do OBV; espere preços mais altos no futuro; opere no mercado com posições compradas.

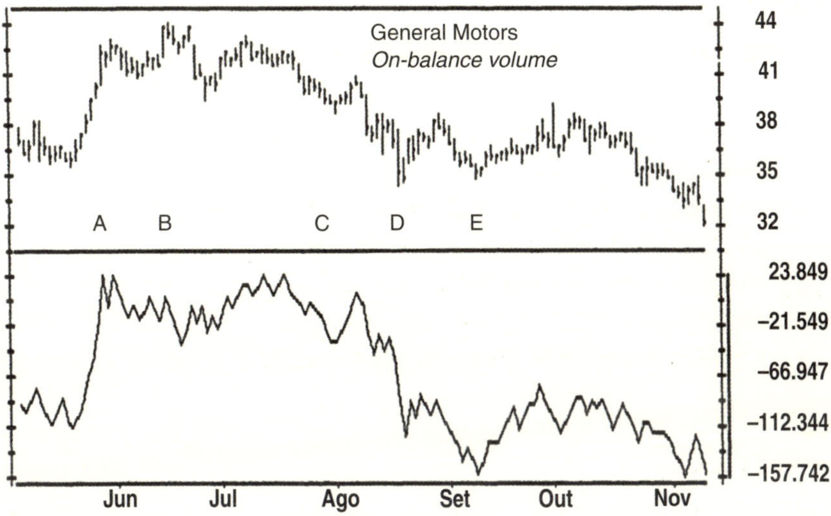

Figura 16

Questão 120

Na borda direita da Figura 16, o OBV indica que:

A. a tendência de baixa do OBV que teve início em setembro está intacta; opere vendido.
B. o OBV não está confirmando a nova mínima dos preços; opere comprado.
C. o OBV está em uma faixa de negociação; fique de fora.
D. Nenhuma das alternativas anteriores.

Questão 121

Faça a correspondência das afirmativas a seguir sobre o indicador de acumulação/distribuição.

1. Os preços abrem abaixo do fechamento do dia anterior e fecham mais baixos.
2. Os preços abrem acima da abertura do dia anterior e fecham mais altos.
3. Os preços abrem acima do fechamento do dia anterior mas fecham na mínima.
4. Os preços abrem abaixo do fechamento do dia anterior e fecham na máxima.

A. Os amadores tendem relativamente aos ursos, os profissionais tendem relativamente aos touros.
B. Os amadores tendem relativamente aos touros, os profissionais tendem relativamente aos ursos.
C. Os amadores e os profissionais tendem aos touros.
D. Os amadores e os profissionais tendem aos ursos.

Questão 122

A Bolsa de Valores de Chicago (Chicago Board of Trade) informa que o número de contratos em aberto da soja está em 120 mil. Isso significa que:

A. 60 mil contratos estão mantidos em posições compradas e 60 mil, em posições vendidas.
B. 120 mil contratos estão mantidos em posições compradas e 120 mil, em posições vendidas.
C. 240 mil contratos estão mantidos em posições compradas e 240 mil, em posições vendidas.
D. Não há informações suficientes para saber quantos contratos são mantidos em posições compradas ou vendidas.

Questão 123

Faça a correspondência dos eventos com os seus efeitos nos contratos em aberto.

1. Um operador de mercado que opera na posição comprada vende a outro na posição vendida.
2. Um novo urso entra no mercado e vende a um urso anterior que compra para cobrir suas posições vendidas.
3. Um novo touro entra no mercado e compra de um touro anterior que vende sua posição.
4. Um novo comprador e um novo vendedor negociam entre si.

A. Os contratos em aberto aumentam.
B. Os contratos em aberto diminuem.
C. Os contratos em aberto ficam inalterados.
D. Não há informações suficientes.

Questão 124

O aumento dos contratos em aberto indica que

I. os touros estão confiantes e agressivos.
II. o número de perdedores está aumentando.
III. a tendência é se manter.
IV. os ursos estão confiantes e agressivos.

A. I
B. I e II
C. I, II e III
D. I, II, III e IV

Questão 125

Faça a correspondência dos padrões a seguir com as letras da Figura 17.

1. O aumento dos contratos em aberto confirma a tendência de alta; opere comprado.
2. Os contratos em aberto inalterados mostram que os touros pararam de sair; cubra as posições vendidas.
3. A queda dos contratos em aberto e dos preços mostra que os touros estão sendo empurrados para fora do mercado, mas os ursos estão nervosos; opere vendido com stops estreitos.
4. Uma divergência de baixa; opere vendido.

Questão 126

Na borda direita da Figura 17, os contratos em aberto indicam que

I. os preços e os contratos em aberto estão em queda; os touros estão em fuga; opere vendido.
II. os preços e os contratos em aberto estão em queda; os ursos demonstram pouca confiança na tendência de baixa; opere comprado.
III. a tendência está em queda de forma organizada; prepare-se para operar vendido na próxima pequena recuperação.
IV. os preços e os contratos em aberto estão se aproximando dos níveis a partir dos quais uma recuperação teve início em dezembro; faça uma ordem de compra acima do último pico.

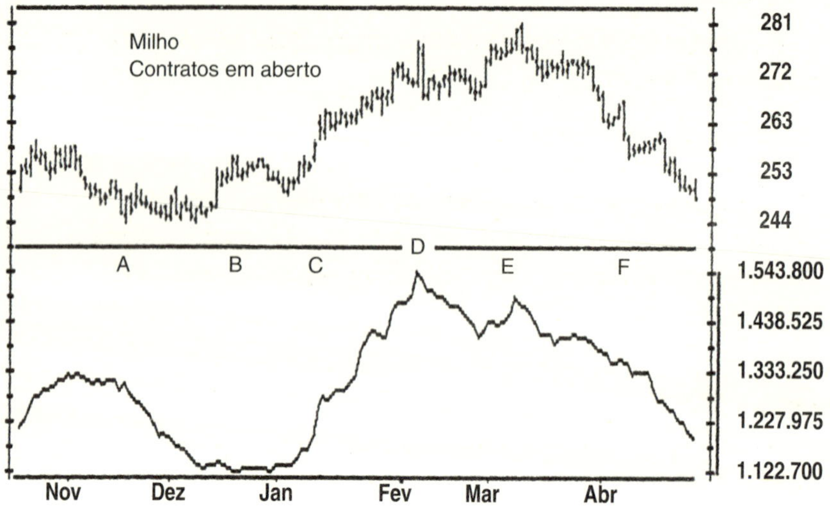

Figura 17

A. I
B. II
C. III
D. III e IV

Questão 127

O Herrick Payoff Index (HPI) detecta a acumulação e a distribuição mensurando as mudanças em

I. preços
II. volume
III. contratos em aberto
IV. uma média móvel

A. I
B. I e II
C. I, II e III
D. I, II, III e IV

Questão 128

Faça a correspondência dos sinais a seguir com as letras do gráfico do Herrick Payoff Index, da Figura 18.

1. Nova mínima; a tendência de baixa está intacta; opere vendido.
2. Divergência de baixa; prepare-se para negociar vendido.
3. Novo pico; a tendência de alta está intacta; opere comprado.
4. Divergência de alta; prepare-se para negociar comprado.

Questão 129

A borda direita da Figura 18 indica que

I. o HPI está em uma nova máxima; opere comprado.
II. os preços estão no topo de sua faixa de negociação; opere vendido.
III. o HPI está acima de sua linha central; opere comprado.
IV. o HPI está sobrecomprado; opere vendido.

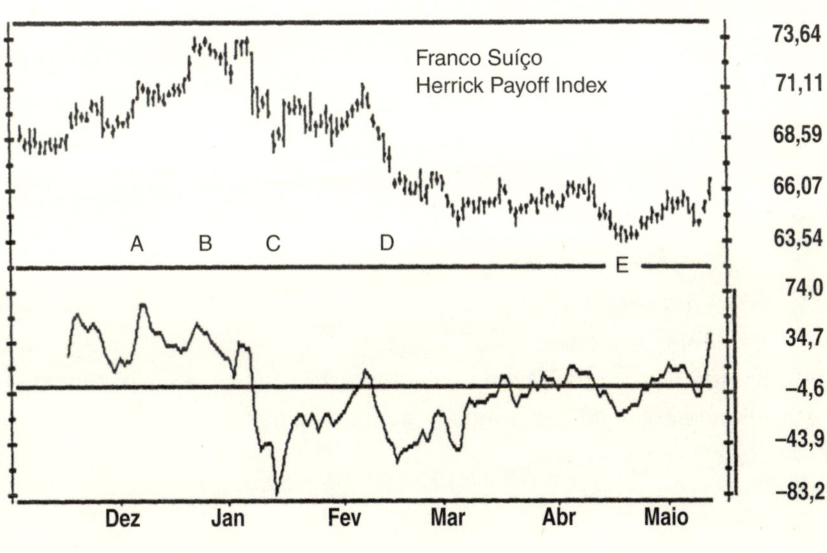

Figura 18

A. I e III
B. II e IV
C. I, II, III e IV
D. Nenhuma das alternativas anteriores

Questão 130

A presença de ciclos nos dados do mercado depende de

I. mudanças nos fundamentos econômicos.
II. ganância em épocas de fartura e medo em épocas de escassez entre produtores e consumidores.
III. oscilações entre o pessimismo e o otimismo dos operadores de mercado.
IV. influências planetárias.

A. I
B. I e II
C. I, II e III
D. I, II, III e IV

Questão 131

As obrigações avançam por 7 dias, caem por 3 dias, avançam por 8 dias, caem por 4 dias, avançam novamente por 6 dias e começam a cair. Quando você deveria começar a procurar uma oportunidade de compra?

A. Em cerca de 3 dias.
B. Em cerca de 5 dias.
C. É tarde demais para comprar; o avanço ocorreu por muito tempo.
D. A tendência é de alta; compre imediatamente.

Questão 132

Faça a correspondência das "estações de indicadores" com as letras da Figura 19.

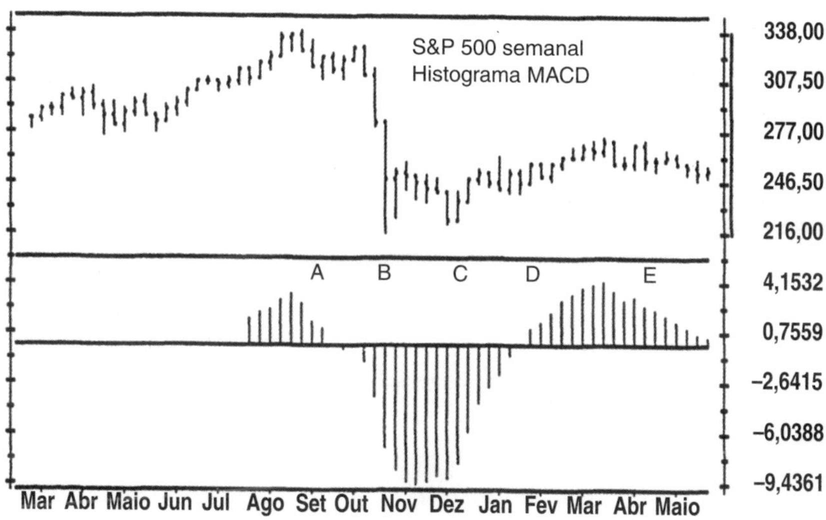

Figura 19

1. Primavera; opere comprado.
2. Verão; comece a realizar lucros em posições compradas.
3. Outono; opere vendido.
4. Inverno; comece a realizar lucros em posições vendidas.

Questão 133

Os operadores de mercado podem analisar os mercados com grande profundidade observando-os em duas referências temporais. Qual combinação a seguir faz mais sentido?

A. Semanalmente e diariamente
B. Mensalmente e diariamente
C. Anualmente e diariamente
D. Anualmente e semanalmente

6

Indicadores do mercado de ações

Os analistas do mercado de ações possuem vários indicadores não-disponíveis para os operadores de mercado de outros mercados. É possível analisar o mercado de ações como um todo utilizando ferramentas especiais que indicam se o mercado está altista ou baixista. Esse conhecimento pode ser traduzido em decisões sobre investimentos em ações individuais, futuros ou opções.

Muitos antigos indicadores do mercado de ações se tornaram distorcidos à medida que os mercados de ações mudaram nas últimas duas décadas. Só alguns poucos indicadores do mercado de ações, em especial o índice *new high-new low* (NH-NL), ou índice de nova máxima-nova mínima, e o *traders'index* (TRIN), hoje continuam a ter o mesmo bom desempenho que tiveram no passado. Aprender a utilizá-los pode ajudá-lo a melhorar suas operações no mercado.

Responda a uma ou duas questões do início deste capítulo sobre o NH-NL e a uma ou duas do meio, sobre o TRIN. Se você acertar menos da metade das respostas, revise os materiais de leitura recomendada. Se acertar mais, prossiga para o restante do capítulo. Em seguida, aplique o que aprendeu à sua posição atual no mercado de ações.

Questões	*Tentativa 1*	*Tentativa 2*	*Tentativa 3*	*Tentativa 4*	*Tentativa 5*
134					
135					
136					
137					
138					
139					
140					
141					
142					
Respostas corretas					

Questão 134

O índice *new high-new low* (NH-NL – índice de nova máxima-nova mínima)

I. mede o número de novas máximas em qualquer dia específico.
II. acompanha o número das ações mais fracas na Bolsa.
III. mede o número de novas mínimas em qualquer dia específico.
IV. acompanha o número das ações mais fortes na Bolsa.

A. I e III
B. II e IV
C. I, II, III e IV
D. Nenhuma das alternativas anteriores

Questão 135

Faça a correspondência das afirmativas a seguir sobre o índice *new high-new low* (NH-NL) com o que eles indicam sobre o mercado.

1. O NH-NL é positivo, sobe para uma nova máxima para o movimento.
2. O mercado de ações cai para uma nova mínima; o NH-NL rastreia um fundo mais alto.
3. O NH-NL é negativo, cai para uma nova mínima para o movimento.
4. O mercado de ações atinge um novo pico; o NH-NL rastreia um pico mais baixo.

A. A liderança dos ursos é forte; opere em posições vendidas.
B. A divergência de baixa mostra que os touros estão se enfraquecendo; comece a realizar lucros em posições compradas e procure operar vendido.
C. A divergência de alta mostra que os ursos estão se enfraquecendo; comece a realizar lucros em posições vendidas e procure operar comprado.
D. A liderança dos touros é forte; opere em posições compradas.

Questão 136

Faça a correspondência dos padrões a seguir com as letras do gráfico do índice *new high-new low* (NH-NL) na Figura 20.

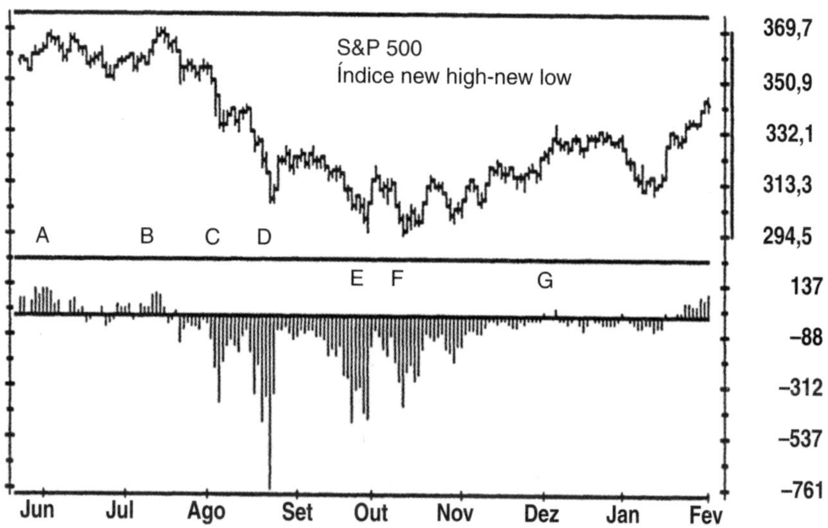

Figura 20

1. Uma divergência de alta; prepare-se para negociar comprado.
2. Uma divergência de baixa; prepare-se para negociar vendido.
3. Os touros predominam; negocie na posição comprada.
4. Os ursos predominam; negocie na posição vendida.

Questão 137

Na borda direita da Figura 20, o NH-NL indica que

I. o NH-NL está sobrecomprado; venda a descoberto.
II. o NH-NL é positivo e está subindo; opere comprado.
III. ausência de divergência de alta; fique de fora.
IV. os sinais são mistos; fique de fora.

A. I
B. II
C. III e IV
D. Nenhuma das alternativas anteriores

Questão 138

Quando o volume de ações em alta aumenta desproporcionalmente em número por vários dias subseqüentes, isso indica que

A. a multidão está muito altista; opere comprado.
B. o mercado está sobrecomprado; opere vendido.
C. esse otimismo não é sustentável – espere um topo.
D. esse comportamento de mercado é anormal – fique de fora.

Questão 139

Qual das alternativas a seguir *não* se aplica ao *traders'index* (TRIN)?

A. O TRIN funciona melhor quando ajustado com uma média móvel exponencial.
B. O TRIN é normalmente menor que 1 porque as pessoas tendem a ser mais altistas do que baixistas.
C. O TRIN indica claramente os níveis sobrecomprados (*overbought*) e sobrevendidos (*oversold*).
D. O TRIN identifica os extremos do pessimismo e do otimismo das massas.

Questão 140

Faça a correspondência dos padrões a seguir com as letras do gráfico do *traders'index* da Figura 21.

1. O TRIN está sobrecomprado; opere vendido quando sair de sua zona sobrecomprada.
2. O TRIN está sobrevendido; opere comprado quando sair de sua zona sobrevendida.
3. Uma divergência de baixa; opere vendido.
4. Uma divergência de alta; opere comprado.

Questão 141

A borda direita da Figura 21 indica que

A. não há uma oportunidade de operação no momento.
B. o TRIN está em queda, os ursos estão no controle; opere vendido.
C. o TRIN está próximo do nível associado com os fundos; opere comprado.

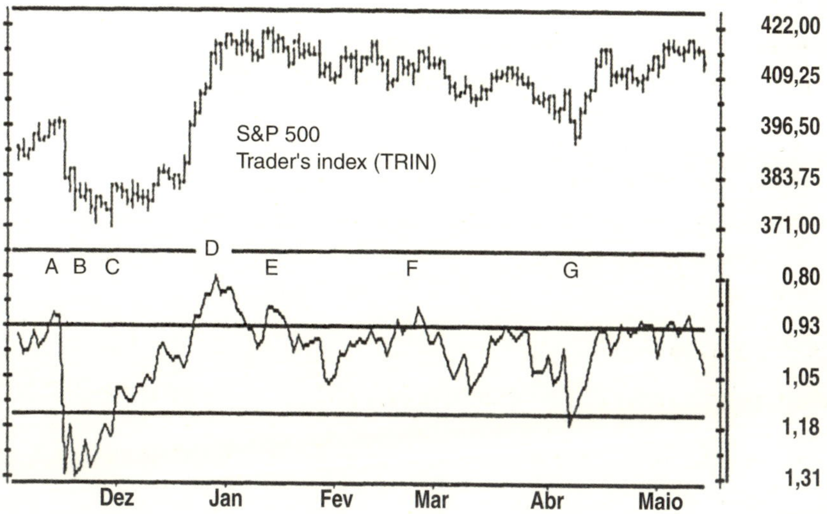

Figura 21

Questão 142

A linha avanço/declínio (A/D)

I. acompanha o número de ações em alta e em queda.
II. indica força quando sobe para uma nova máxima e fraqueza quando cai para uma nova mínima.
III. o padrão de seus picos e vales é mais importante do que seu nível.
IV. indica quando o volume confirma os movimentos de preço.

A. I
B. I e II
C. I, II e III
D. I, II, III e IV

7

Indicadores psicológicos

Grandes multidões de operadores de mercado fazem suas ordens de compra e venda nos mercados financeiros. As ações dos touros e dos ursos criam poderosas ondas de otimismo e pessimismo, medo e ganância, decepção e satisfação das massas. Essas marés emocionais atraem espectadores e geram ainda mais compras e vendas nos mercados. Os fatores econômicos fundamentais podem governar os mercados no longo prazo, mas a psicologia do mercado de massa define sua evolução intermediária e de curto prazo.

Vários indicadores medem a pressão da multidão no mercado. Eles proporcionam alguns insights surpreendentes e ajudam a identificar importantes oportunidades de investimento. Eles são particularmente importantes para os que operam nos Estados Unidos, onde vários serviços de consultoria acompanham esses indicadores. Um operador de mercado estrangeiro poderia se aproveitar disso ao tentar desenvolver ferramentas similares para o próprio país.

Responda a três questões escolhidas aleatoriamente deste capítulo. Se você acertar menos de duas respostas, revise os materiais de leitura recomendada. Se acertar duas ou três questões, prossiga para o restante do capítulo.

Questões	Tentativa 1	Tentativa 2	Tentativa 3	Tentativa 4	Tentativa 5
143					
144					
145					
146					
147					
148					
149					
Respostas corretas					

Questão 143

Quando a maioria absoluta dos participantes do mercado se mostra altista,

I. o mercado está perto de um topo; venda e procure operar vendido.
II. a virada para cima é forte; opere comprado.
III. não há novos compradores o suficiente para sustentar o mercado.
IV. os touros estão fortes e confiantes.

A. I
B. I e III
C. II
D. II e IV

Questão 144

Um mercado de futuros ou de opções entra em um poderoso movimento para cima e o consenso de alta sobe para 75%. Isso significa que

A. um urso, em média, tem três vezes mais dinheiro do que um touro em média.
B. um urso, em média, tem aproximadamente o mesmo dinheiro que um touro em média.
C. um touro, em média, tem três vezes mais dinheiro do que um urso em média.
D. não há informações suficientes para determinar quem tem, em média, mais dinheiro – se um touro ou um urso.

Questão 145

Uma safra abundante envia milho para um mercado em baixa. À medida que os futuros caem, o consenso de alta cai para 20%. Isso significa que

A. um urso, em média, tem cinco vezes mais dinheiro do que um touro em média.
B. um touro, em média, tem aproximadamente o mesmo dinheiro que um urso em média.
C. um urso, em média, tem quatro vezes mais dinheiro do que um touro em média.
D. um touro, em média, tem quatro vezes mais dinheiro do que um urso em média.

Questão 146

Seu jornal anuncia que os preços do café estão no nível mais alto de um período de seis anos; o noticiário da televisão mostra geadas no Brasil, país produtor de café; e sua sogra lhe diz que comprou 2 quilos de café solúvel antes que o preço suba ainda mais. Sua reação como um operador de mercado é planejar

A. operar comprado os futuros de café ou com opções de compra.
B. operar vendido os futuros de café ou com opções de venda.
C. operar comprado os futuros de cacau, como uma manobra para acompanhar o movimento do café.
D. comprar ouro porque o aumento do café é um sinal de inflação.

Questão 147

Faça a correspondência das afirmativas a seguir sobre as posições dos operadores de mercado.

I. Limites de posição
II. Requisitos de divulgação
III. Informações privilegiadas
IV. *Hedging*

A. O nível no qual suas operações são relatadas a um órgão governamental
B. Assumir uma posição de futuros para compensar uma posição em uma commodity corrente
C. Pode ser excedido pelos comerciantes
D. Legal nos mercados futuros

Questão 148

Faça a correspondência das afirmações sobre os diferentes grupos de participantes do mercado.

I. Pequenos especuladores
II. Grandes especuladores
III. Comerciantes
IV. Insiders da empresa

A. Mantêm contratos em excesso de níveis de divulgação
B. Atenuam os riscos do negócio
C. Diretores ou grandes acionistas
D. O grupo de investidores na contramão do mercado

Questão 149

Um mercado em baixa tem 11 meses de idade; a empresa cuja ação você acompanha divulga lucros trimestrais mais baixos; seus dois vice-presidentes e um grande acionista compram as ações; a ação está US$1 acima de sua mínima do ano. Como investidor, você

A. assume imediatamente a posição vendida (o mercado em baixa está em vigor).
B. assume imediatamente a posição comprada (compras privilegiadas).
C. fica fora do mercado até o início do próximo mercado em alta.
D. começa a comprar, acumulando uma posição comprada.

8

Novos indicadores

Para ter sucesso nas operações de mercado, é necessário utilizar ferramentas melhores do que os outros operadores de mercado. Também é necessário ser mais disciplinado do que o resto da multidão. Você precisa buscar todas as vantagens possíveis nos mercados.

Este capítulo testa seu conhecimento sobre duas novas ferramentas – índice de força e Elder-ray. Elas podem ajudá-lo a encontrar bons pontos de entrada nas negociações, decidir quando reforçar as posições vencedoras e decidir o momento de realizar o lucro.

Qualquer indicador ou sistema de negociação pode beneficiá-lo somente depois que você o incorporar, ajustando-o a seu estilo pessoal de negociação. Quando aprender a utilizar o índice de força e o Elder-ray, pense na possibilidade de criar as próprias ferramentas.

Responda a uma ou duas questões do início deste capítulo sobre o Elder-ray e a uma ou duas do meio, sobre o índice de força. Se acertar menos da metade das respostas, revise os materiais de leitura recomendada. Se acertar mais, prossiga para o restante do capítulo.

Questões	*Tentativa 1*	*Tentativa 2*	*Tentativa 3*	*Tentativa 4*	*Tentativa 5*
150					
151					
152					
153					
154					
155					
156					
157					
158					
159					
160					
Respostas corretas					

Questão 150

Faça a correspondência das afirmativas a seguir sobre Elder-ray.

I. Poder máximo dos ursos.
II. Consenso médio de valor.
III. Poder máximo dos touros.
IV. O consenso de valor mais importante do dia.

A. Máxima do dia
B. Mínima do dia
C. Preço de fechamento
D. Média móvel

Questão 151

Faça a correspondência das afirmativas sobre o *Bull Power* (Poder dos Touros) e o *Bear Power* (Poder dos Ursos).

I. A média móvel exponencial menos a máxima do dia.
II. A mínima do dia menos a média móvel exponencial.
III. A média móvel exponencial menos a mínima do dia.
IV. A máxima do dia menos a média móvel exponencial.

A. *Bull Power* (Poder dos Touros)
B. *Bear Power* (Poder dos Ursos)
C. Tanto o *Bull Power* (Poder dos Touros) quanto o *Bear Power* (Poder dos Ursos)
D. Nenhum dos dois

Questão 152

O Elder-ray

I. identifica a força relativa dos touros e dos ursos.
II. identifica a tendência do mercado.
III. sinaliza pontos de compra e de venda.
IV. pode funcionar como um sistema de negociação automático.

A. I
B. I e II
C. I, II e III
D. I, II, III e IV

Questão 153

Faça a correspondência dos padrões do Elder-ray com seus sinais de negociação.

1. O *Bear Power* (Poder dos Ursos) indica uma divergência de alta.
2. A MME está baixa; o *Bull Power* (Poder dos Touros) é positivo mas está em queda.
3. O *Bull Power* (Poder dos Touros) indica uma divergência de baixa.
4. A MME está alta, o *Bear Power* (Poder dos Ursos) é negativo, mas está em elevação.

A. Opere comprado.
B. Opere vendido.
C. Venda as posições compradas.
D. Cubra as posições vendidas.

Questão 154

Faça a correspondência dos padrões a seguir com as letras do gráfico do Elder-ray na Figura 22.

1. A MME está estável; o *Bear Power* traça uma enorme divergência de alta; espere um movimento ascendente para comprar.
2. A MME está baixa; o *Bear Power* traça uma divergência de alta; cubra as posições vendidas.
3. A MME está alta, o *Bear Power* é negativo; opere comprado.
4. A MME está baixa; o *Bull Power* é positivo; opere vendido.

Questão 155

Na borda direita da Figura 22, estamos na posição comprada e o Elder-ray indica:

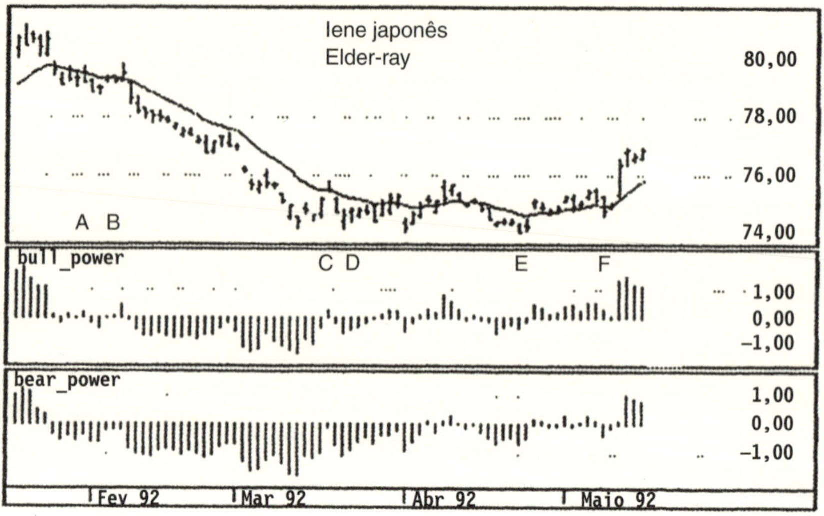

Figura 22

A. para manter a posição comprada obtida na área F e subir os stops para proteger os lucros
B. que o *Bull Power* está enfraquecendo; realize o lucro nas posições compradas
C. que tanto o *Bull* quanto o *Bear Power* estão excessivamente distendidos para cima; opere vendido
D. fique fora do mercado; não há indicação clara de operação

Questão 156

Quando os preços mudam, quais fatores indicam a força de seu movimento?

I. Distância
II. Volume
III. Direção
IV. Mercados relacionados

A. I
B. I e II
C. I, II e III
D. I, II, III e IV

Questão 157

A fórmula do índice de força é:

A. $Fechamento_{hoje}$ $(Volume_{hoje} - Volume_{ontem})$
B. $Fechamento_{hoje}$ $(Volume_{hoje} + Volume_{ontem})$
C. $Volume_{hoje}$ $(Fechamento_{hoje} + Fechamento_{ontem})$
D. $Volume_{hoje}$ $(Fechamento_{hoje} - Fechamento_{ontem})$

Questão 158

Para que ajustar o índice de força com uma média móvel?

I. O histograma do índice de força diário é serrilhado demais.
II. Uma MME de 2 dias do índice de força ajuda a encontrar pontos de entrada no mercado.
III. Uma MME de 13 dias do índice de força ajuda grandes alterações na força de touros e de ursos.
IV. As divergências entre o índice de força ajustado e os preços identificam os pontos de inflexão nos mercados.

A. I
B. I e II
C. I, II e III
D. I, II, III e IV

Questão 159

Faça a correspondência dos padrões a seguir com as letras do gráfico do índice de força ajustado com uma média móvel exponencial de 13 dias na Figura 23.

1. Uma nova máxima para o movimento para cima; mantenha as posições compradas ou reforce-as na próxima reação.
2. Uma divergência de baixa; venda as posições compradas e opere vendido.
3. Uma nova mínima para o movimento para baixo; mantenha-se comprado ou reforce as posições compradas na próxima recuperação.
4. Uma divergência de alta; cubra as posições vendidas e opere comprado.

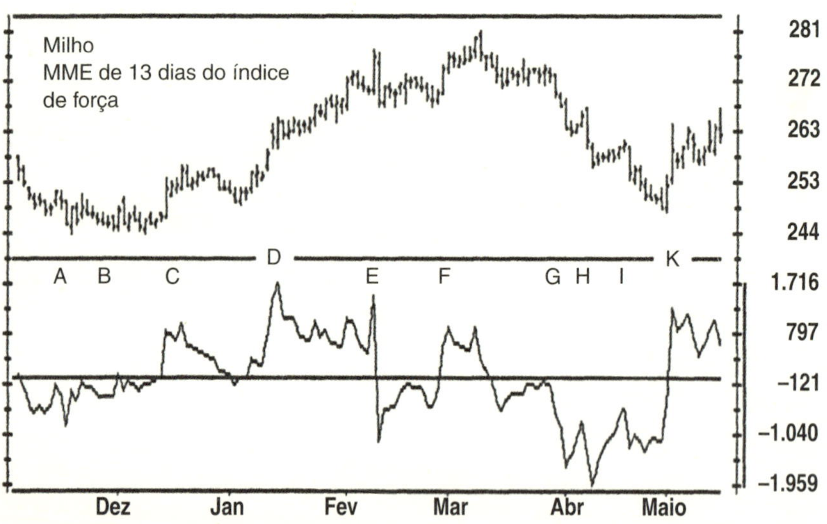

Figura 23

Questão 160

Na borda direita da Figura 23, a MME de 13 dias do índice de força indica que

I. o índice de força atingiu um novo pico; espere preços mais altos no futuro; opere comprado.
II. o índice de força está traçando uma divergência de baixa; opere vendido.
III. a tendência é ascendente; o índice de força é positivo; compre na queda.
IV. o mercado está alto demais; o índice de força está em queda; venda.

A. I
B. I e III
C. II
D. II e IV

9

Sistemas de negociação

O que é um sistema de negociação? Seria um dispositivo mágico que pode ser ajustado em detalhes utilizando dados antigos e então "colocado no piloto automático" para colher lucros dos mercados? Ou seria simplesmente uma árvore de decisão, um mecanismo que sinaliza perigos e concentra sua atenção nas oportunidades mais lucrativas?

Um sistema de negociação é desenvolvido na tranqüilidade de seu escritório, longe do ruído dos mercados. Quando você negocia, seu sistema lembra sem alardes o que você deve fazer no mercado. Um sistema bem projetado o protege de sua própria impulsividade, especialmente quando você pode se envolver demais na maré da emoção das massas.

Este capítulo testa seu conhecimento sobre vários sistemas de negociação que resistiram ao teste do tempo. Enquanto responde a essas questões, pense se prefere começar a operar com um ou mais desses sistemas ou utilizá-los simplesmente como um ponto de partida para desenvolver seu próprio sistema.

Responda a duas questões do início deste capítulo, sobre o sistema de negociação Triple Screen, e duas do meio, sobre o sistema de negociação parabólico ou em canal. Se acertar duas respostas ou menos, pare e revise os materiais de leitura recomendada. Se acertar três ou quatro questões, prossiga com o resto do capítulo. Vá devagar – é necessário refletir, trabalhar e reservar um tempo para desenvolver um sistema de negociação inteligente.

Questões	*Tentativa 1*	*Tentativa 2*	*Tentativa 3*	*Tentativa 4*	*Tentativa 5*
161					
162					
163					
164					
165					
166					
167					
168					
169					
170					
171					
172					
173					
174					
175					
176					
177					
178					
179					
180					
Respostas corretas					

Questão 161

Quais das afirmativas a seguir podem ser simultaneamente verdadeiras em um mercado?

I. A tendência é de alta.
II. A tendência é de baixa.
III. Um indicador lhe dá um sinal de compra.
IV. Um indicador lhe dá um sinal de venda.

A. I e III
B. II e IV
C. I, II, III e IV
D. Nenhuma das alternativas anteriores

Questão 162

Ao tentar encontrar uma operação em um gráfico diário,

A. concentre toda a sua atenção nesse gráfico.
B. identifique a tendência do gráfico semanal e utilize o gráfico diário para procurar só operações na direção da tendência semanal.
C. encontre uma operação no gráfico diário e verifique se o gráfico semanal indica a mesma direção.
D. identifique a tendência do gráfico mensal e utilize o gráfico diário para procurar só operações nessa direção.

Questão 163

Se você utilizar a inclinação do histograma MACD semanal como o primeiro crivo do sistema de negociação Triple Screen e essa inclinação estiver para baixo, você pode

A. operar comprado.
B. operar vendido.
C. operar comprado ou ficar de fora.
D. operar vendido ou ficar de fora.

Questão 164

O primeiro crivo do sistema de negociação Triple Screen aponta para cima. Você está utilizando um estocástico de 5 dias como o seu segundo crivo e o observa subir para 85. Agora, você pode

A. assumir imediatamente a posição comprada.
B. assumir imediatamente a posição vendida.
C. esperar que o estocástico caia abaixo de 40 e depois operar comprado.
D. esperar que o estocástico caia abaixo de 40 e depois operar vendido.

Questão 165

A tendência semanal é de alta, mas a queda dos últimos dias empurrou a MME de 2 dias do índice de força para abaixo de zero. Seu próximo passo é

A. esperar até que os dois crivos se atrelem.
B. fazer uma ordem de compra acima da máxima do dia anterior.
C. fazer uma ordem de venda a descoberto abaixo da mínima do dia seguinte.
D. fechar todas as posições em aberto.

Questão 166

Faça a correspondência das ações a seguir, de acordo com a MME de 2 dias do índice de força, com as seções identificadas com letras na Figura 24.

1. Utilizar quedas abaixo de zero para comprar.
2. Utilizar recuperações acima de zero para vender a descoberto.
3. Pode utilizar quedas abaixo de zero para realizar o lucro em posições a descoberto.
4. Pode utilizar recuperações acima de zero para realizar o lucro em posições compradas.

Questão 167

Na borda direita da Figura 24, o sistema de negociação Triple Screen indica que

I. a tendência semanal é de alta; a tendência diária é de alta; assuma imediatamente a posição comprada.
II. o índice de força diário indica uma divergência de baixa; assuma imediatamente a posição vendida.
III. a tendência semanal é de alta e o índice de força diário está sobrecomprado (*overbought*); espere para comprar até cair abaixo de zero.
IV. os preços estão na borda superior de sua faixa de negociação e o índice de força diário indica uma divergência de baixa; realize o lucro nas posições compradas.

A. I e III
B. II
C. III e IV
D. IV

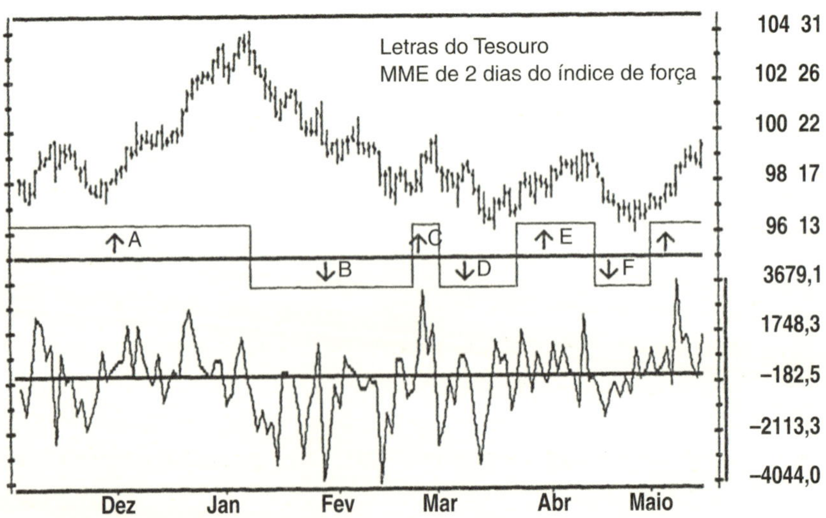

Figura 24

Questão 168

Faça a correspondência das afirmativas sobre o sistema de negociação Triple Screen com a ação indicada.

1. A tendência semanal é de alta; a tendência diária é de alta.
2. A tendência semanal é de alta; a tendência diária é de baixa.
3. A tendência semanal é de baixa; a tendência diária é de alta.
4. A tendência semanal é de baixa; a tendência diária é de baixa.

A. Opere comprado.
B. Opere vendido.
C. Não entre em uma nova operação.

Questão 169

O sistema de negociação parabólico ajusta seus stops mais rápida ou mais lentamente, dependendo de

I. movimentação dos preços
II. passagem do tempo
III. fator de aceleração
IV. lucratividade de uma operação

A. I
B. I e II
C. I, II e III
D. I, II, III e IV

Questão 170

O sistema parabólico

I. força os operadores de mercado a reagir à passagem do tempo.
II. ajuda a operar durante tendências descontroladas.
III. permite que os operadores de mercado revertam suas posições.
IV. protege os operadores de mercado de sua própria indecisão.

A. I
B. I e II
C. I, II e III

Questão 171

Você opera o trigo comprado durante uma elevação em janeiro e usa o parabólico. Ele o mantém comprado, depois reverte e o leva vendido em fevereiro, com um único dente de serra em março. Agora, na borda direita da Figura 25, o que você escolhe?

A. O trigo está em um nível de suporte; opere comprado e comece a calcular o parabólico de um novo ponto de partida.
B. O trigo está em uma área de congestionamento; não utilize o parabólico.
C. Opere vendido, como indicado atualmente pelo parabólico, com um stop acima do mercado.

Questão 172

Para construir um canal de preços,

I. trace uma linha de canal paralela a uma linha de tendência.
II. plote duas linhas paralelas a uma média móvel.
III. plote uma média móvel para as máximas e outra para as mínimas.
IV. plote duas linhas cuja distância da média móvel dependa da volatilidade.

Figura 25

A. I
B. I e II
C. I, II e III
D. I, II, III e IV

Questão 173

A largura adequada do canal

A. é um segredo guardado a sete chaves pelos operadores de mercado profissionais.
B. requer um computador para ser calculada.
C. contém cerca de 90% dos preços.
D. contém cerca de 50% dos preços.

Questão 174

Faça a correspondência das afirmativas a seguir sobre os canais de média móvel.

I. O mercado está subavaliado.
II. O mercado está superavaliado.
III. Depende da volatilidade.
IV. O mercado está razoavelmente avaliado.

A. A linha de canal superior.
B. A média móvel.
C. A linha de canal inferior.
D. Coeficiente do canal.

Questão 175

A melhor forma de utilizar os canais nas operações é

A. comprar rompimentos de alta e vender rompimentos de baixa.
B. vender rompimentos de alta e comprar rompimentos de baixa.
C. nenhuma das alternativas anteriores, dependendo dos padrões do indicador.

Questão 176

Qual afirmativa sobre os canais é incorreta?

A. Operar comprado ou vendido no meio de um canal sempre oferece operações atraentes porque você compra ou vende no consenso do valor.
B. Quando um canal subir acentuadamente, uma penetração para cima da linha de canal superior indica que o mercado está forte e deveria ser comprado quando retornar à sua média móvel.
C. Quando um canal estiver relativamente estável, o mercado quase sempre representa uma boa compra perto do fundo de seu canal de negociação e uma boa venda perto do topo.
D. Um rompimento abaixo da linha inferior de um canal em queda acentuada indica que o mercado está fraco e um retrocesso à média móvel oferecerá uma oportunidade de operar a descoberto.

Questão 177

Faça a correspondência dos padrões a seguir com as letras do gráfico do índice CRB e histograma MACD na Figura 26.

1. A tendência está em progresso; não há presença de divergência.
2. Uma divergência de alta na parede inferior do canal; opere comprado, com um stop abaixo da mínima mais recente.
3. Uma divergência de baixa na parede superior do canal; opere vendido, com um stop abaixo da mínima mais recente.

Questão 178

Na borda direita da Figura 26, os canais e o histograma MACD indicam

A. para fazer uma ordem de compra na média móvel.
B. que a tendência é de alta, confirmada pelo histograma MACD; assuma imediatamente a posição comprada.
C. que os preços se recuperaram acima de sua linha de canal superior; assuma imediatamente a posição vendida.
D. para ficar fora do mercado por enquanto.

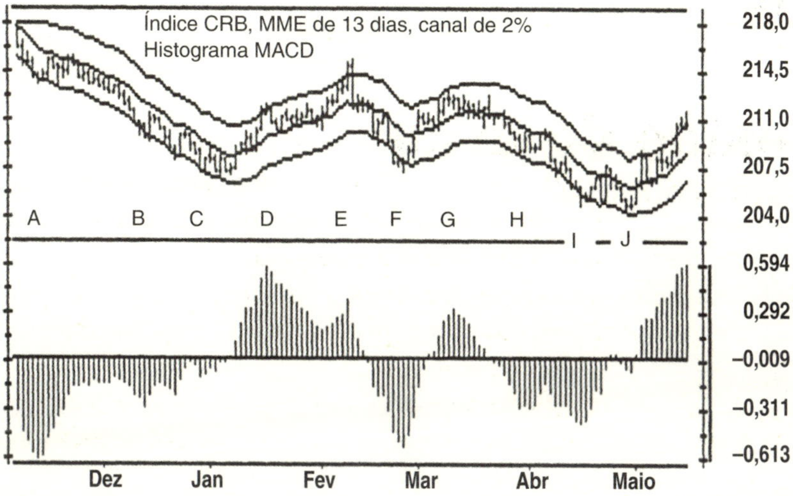

Figura 26

Questão 179

As bandas de Bollinger são traçadas

A. paralelamente a uma média móvel.
B. paralelamente a uma linha de tendência.
C. 1 desvio-padrão de distância de uma média móvel.
D. 1 desvio-padrão de distância de uma linha de tendência.

Questão 180

Faça a correspondência das afirmativas a seguir sobre as bandas de Bollinger com as ações que elas indicam.

1. Bandas estreitas
2. Bandas largas
3. Os preços sobem acima das bandas estreitas.
4. Os preços caem abaixo das bandas estreitas.

A. Opere comprado.
B. Opere vendido.
C. Venda opções.
D. Compre opções.

10

Gestão do risco

Você pode ter um brilhante sistema de negociação – mas, se seu método de gestão do risco não for bom, você perderá dinheiro. Em algum momento, seu sistema entrará em um inevitável período de perdas. Se você não souber o que fazer, perderá o controle e tentará sair do buraco por meio de novas operações. As perdas virarão uma bola de neve e enterrarão sua conta de investimentos.

Por outro lado, ao deparar com um surto de perdas, você pode se decepcionar e abandonar um sistema de negociação perfeitamente bom, abrindo mão de grandes lucros futuros. De qualquer forma, um operador de mercado certamente perderá sem uma boa gestão de dinheiro.

Gerenciar o dinheiro de sua conta de investimentos é fundamental para a sua sobrevivência e para o seu sucesso como um operador de mercado. Os profissionais passam muito mais tempo do que os amadores pensando em quanto dinheiro arriscar em qualquer operação e em como ajustar o volume de suas operações, dependendo das condições do mercado e do valor de sua conta.

Responda às três primeiras questões deste capítulo. Se acertar menos de duas respostas, revise os materiais de leitura recomendada. Se acertar duas ou três respostas, prossiga para o restante do capítulo. Não se apresse, reserve um tempo para refletir. Lembre-se de que é o seu dinheiro que está em jogo.

Questões	Tentativa 1	Tentativa 2	Tentativa 3	Tentativa 4	Tentativa 5
181					
182					
183					
184					
185					
186					
187					
188					
189					
190					
191					
192					
193					
194					
195					
196					
197					
198					
199					
200					
201					
202					
203					
Respostas corretas					

Questão 181

Um operador de mercado sente-se exultante quando suas operações são lucrativas e envergonhado ou magoado ao perder. Isso significa que

A. ele está no caminho certo; é importante levar os sentimentos em consideração.
B. sua mente está obscurecida pelas emoções e ele não consegue tomar boas decisões sobre investimentos.
C. ele deveria dobrar o tamanho de sua posição quando estiver feliz e sair do mercado quando se sentir prejudicado.
D. não importa como ele se sinta, contanto que suas operações sejam lucrativas ao final do dia.

Questão 182

Os operadores de mercado ficam presos em posições perdedoras por todas as razões a seguir, com a *exceção* de

A. eles se apegam às posições.
B. eles odeiam admitir que estão errados.
C. eles seguem sólidos planos de negociação.
D. assumir uma perda significa abrir mão da esperança.

Questão 183

Você vê uma oportunidade de ganhar US$900 enquanto arrisca US$400. Você faz a operação, mas o mercado se movimenta US$350 contra você. Agora é o momento de

A. manter seu stop onde você o colocou.
B. assumir imediatamente a perda.
C. identificar outro nível de suporte a US$100 a distância; um pequeno risco adicional para se manter no negócio.
D. cancelar o stop para evitar entrar em uma montanha-russa.

Questão 184

Ao operar nos mercados futuros, um operador de mercado precisa lidar com

I. a vantagem do operador de mercado
II. a vantagem da casa
III. expectativa matemática positiva
IV. expectativa matemática negativa

A. I e III
B. II e IV
C. I, II, III e IV
D. Nenhuma das alternativas anteriores

Questão 185

Você assume a posição comprada depois que um indicador vira para cima. Dois dias depois, o mercado escorrega, o indicador se volta para baixo, e você tem uma perda não-realizada (*paper loss*) de US$200. Seu stop inicial estava US$300 abaixo do mercado e o próximo nível de suporte está em US$350 abaixo de seu ponto de entrada. O que você faz?

A. Continua observando o mercado; mantém seu stop.
B. Assume a perda e se retira para a arquibancada.
C. Dobra sua posição; se você estiver certo, sairá com um bom lucro e, se estiver errado, a perda no segundo round será pequena.
D. Reduz seu stop para ligeiramente abaixo do próximo nível de suporte lógico.

Questão 186

Seu sistema de negociação, que historicamente esteve 70% correto, lhe dá um sinal de compra. Ao mesmo tempo, outro indicador, que dá sinais raros e corretos 80% das vezes, lhe diz para operar na mesma direção. As chances de você ganhar dinheiro nessa operação são

A. abaixo de 70%.
B. entre 70% e 80%.
C. 80%.
D. acima de 80%.

Questão 187

Dois operadores de mercado decidem passar o intervalo para o café jogando cara e coroa e apostando US$0,25 a cada rodada. O operador A coloca US$1 no jogo, o operador B aposta US$10. As chances de o operador A ganhar o jogo são

A. perto de 100%.
B. perto de 50%.
C. perto de 0%.
D. Nenhuma das alternativas anteriores.

Questão 188

Classifique estas três metas da gestão de dinheiro em ordem de importância.

I. Ganhar altos lucros.
II. Garantir a sobrevivência.
III. Ganhar uma taxa de retorno estável.

A. I, II, III
B. II, III, I
C. III, II, I

Questão 189

Você abre uma conta de investimentos de US$20.000 para se aproveitar de um sistema de negociação bem elaborado. Você deveria tentar

I. ganhar 25% de lucro em um ano.
II. não perder mais de 25% em um ano.
III. não arriscar mais de 25% em uma determinada operação.
IV. dobrar o tamanho de suas operações depois de ganhar 25% de lucro.

A. I
B. I e II
C. I, II e III
D. I, II, III e IV

Questão 190

Qual é o máximo que você pode arriscar em uma única operação se o tamanho de sua conta for de US$5.000, US$25.000 ou US$100.000?

A. US$50, US$250, US$1.000
B. US$100, US$500, US$2.000
C. US$200, US$1.000, US$4.000
D. US$500, US$2.000, US$5.000

Questão 191

Você tem US$16.000 em sua conta de investimentos quando seu sistema de negociação indica uma operação muito atraente. Ela apresenta um grande potencial de lucro, enquanto um ponto de corte também é claro – se o mercado for contra você US$75 por contrato, todas as apostas serão canceladas e você pode se afastar. Seu corretor quer uma margem de US$2.000 e uma comissão de US$20 por contrato. Você vê uma grande oportunidade. Quantos contratos você opera?

A. 1
B. 3
C. 5
D. 7

Questão 192

Você aumentou sua conta de negociação de US$20.000 para US$28.000 em seis meses. Agora você está sendo atingido por uma sucessão de perdas e sua conta caiu para US$24.000. Você "apertou o cinto", reduziu o tamanho das operações e passou a operar só contratos individuais. Hoje, seu sistema indica uma operação, com um potencial de lucro de US$2.000 e risco de US$200. Você pode compensar todas as perdas de vários meses em uma única operação e continuar de onde parou! Margem necessária: US$4.000 por contrato. Quantos contratos você opera?

A. 1
B. 2
C. 4
D. 6

Questão 193

Operar no "optimal *f*" – a fração fixa ótima de sua conta – significa arriscar uma fração variável de seu capital em cada operação, dependendo do desempenho atual de seu sistema de negociação e do tamanho de sua conta. Qual afirmação relativa às operações no "optimal *f*" *não* está correta?

A. Se operar menos do que o tamanho ótimo, seus lucros diminuirão geometricamente.
B. Se operar menos do que o tamanho ótimo, o seu risco diminui geometricamente.
C. Se operar mais do que o tamanho ótimo, você não obtém nenhum benefício.
D. Se operar o dobro do tamanho ótimo, você certamente quebrará.

Questão 194

Qual(is) das regras a seguir foi(ram) comprovada(s) por testes computadorizados?

I. Nunca atenda às chamadas de margem.
II. Nunca tente reduzir o preço médio de uma operação.
III. O primeiro erro é o mais barato.
IV. Se precisar reduzir seu portfólio, liquide sua pior posição.

A. I
B. I e II
C. I, II e III
D. I, II, III e IV

Questão 195

A soja está em uma tendência de alta; você compra um contrato e a soja sobe para uma nova máxima. Agora você deve contar

I. quantos ticks a soja subiu.
II. quantos centavos a soja subiu.
III. quantos dólares você ganhou até agora.
IV. quanto você teria ganho se tivesse comprado dois contratos.

A. I
B. I e II
C. I, II e III
D. I, II, III e IV

Questão 196

Você tem US$25.000 em sua conta e compra dois contratos de ouro com um stop a US$2 de distância do mercado (US$200 de risco por contrato). O ouro se movimenta US$6 a seu favor e os indicadores apontam para cima. Você pode tomar qualquer uma das ações a seguir, com *exceção* de

A. manter seu stop onde está.
B. deslocar seu stop para o nível de *break-even*.
C. realizar o lucro de um contrato.
D. comprar mais um contrato.

Questão 197

Quando você se vê contando o dinheiro em uma operação,

I. pare e, se não conseguir, feche a operação.
II. use isso para calcular seus stops.
III. use isso para calcular suas metas de lucro.
IV. plote um gráfico de valor para a sua conta.

A. I
B. I e II
C. I, II e III
D. I, II, III e IV

Questão 198

Quando você planejar sair de uma operação,

I. defina um stop e saia quando ele for atingido.
II. tenha uma meta antes de iniciar a operação e saia quando ela for atingida.
III. saia quando os indicadores que lhe deram os sinais de entrada se revertem e apontam para a direção oposta.
IV. saia depois que uma operação o beneficiar – abandone a operação quando estiver ganhando.

A. I
B. I e II
C. I, II e III
D. I, II, III e IV

Questão 199

Quais das seguintes afirmações sobre os stops são verdadeiras?

I. Quando estiver comprado, não desloque os stops para baixo.
II. Quando estiver vendido, um stop pode ser deslocado para baixo.
III. Quando estiver comprado, um stop pode ser deslocado para cima.
IV. Quando estiver vendido, não desloque os stops para cima.

A. I e IV
B. II e III
C. Nenhuma das alternativas anteriores
D. I, II, III e IV

Questão 200

Uma ordem de *stop-loss*

I. limita suas perdas em uma operação ruim.
II. traz paz de espírito para você.
III. protege você de sistemas de negociação ruins.
IV. garante que sua perda não passará de uma determinada quantia.

A. I
B. I e II
C. I, II e III
D. I, II, III e IV

Questão 201

Desloque seu stop para o nível de *break-even* quando

A. o mercado fechar a seu favor.
B. você tiver US$200 ou mais de lucro não-realizado.
C. o sistema parabólico lhe informar para fazê-lo.
D. os preços se movimentarem a seu favor e se distanciarem do ponto de entrada mais do que a faixa de negociação diária média.

Questão 202

Ao ajustar as ordens de proteção do lucro, você pode

I. deslocar seu stop para que não mais de 2% do valor de sua conta seja exposto.
II. proteger 50% de seu lucro não-realizado.
III. utilizar o sistema parabólico.
IV. utilizar zonas de resistência e suporte de curto prazo.

A. I
B. I e II
C. I, II e III
D. I, II, III e IV

Questão 203

A melhor forma de aprender com suas operações é

I. conversar sobre elas com conhecidos.
II. manter um diário de seus pensamentos e sentimentos sobre elas.
III. manter um livro de gráficos do tipo "antes e depois" delas.
IV. simplesmente continuar operando e absorvendo as experiências.

A. I
B. I e IV
C. II
D. II e III

PARTE II

Respostas e escalas de classificação

Introdução

Resposta 1

C. I e IV. Os analistas fundamentalistas analisam as condições econômicas; os analistas técnicos estudam o comportamento do mercado. Ambos podem ajudá-lo a identificar boas oportunidades de negociação (Seção 2).

Resposta 2

C. Os três pilares do sucesso nas negociações de mercado são conhecimentos de psicologia, bons métodos analíticos e gestão cuidadosa do dinheiro. Um bom operador de mercado é seu próprio insider (Seção 2).

Resposta 3

A. A melhor atitude é a do ceticismo positivo. Adote as idéias que lhe pareçam fazer sentido e verifique-as no campo de testes da própria experiência (Seção 2).

Resposta 4

D. A *slippage* e as comissões reduzem as chances da maioria dos operadores de mercado; os investimentos emocionais acabam com elas. O roubo representa apenas um fator secundário em mercados bem policiados (Seção 3).

Resposta 5

D. Quando o vendedor ganha menos do que a quantia perdida pelo perdedor, a transação deles é chamada de "jogo de soma negativa". As comissões e a *slippage* fazem com que as operações de mercado representem um bom exemplo disso. Muitos prestadores de serviços financeiros tentam ocultar esse fato (Seção 3).

Resposta 6

D. Para mensurar o impacto das comissões em suas operações, compare-as com a margem. Se você fizer oito operações como esta em um ano, precisará ganhar um lucro de 20% só para atingir o ponto de equilíbrio. A *slippage* pode abocanhar uma porção maior de sua conta do que as comissões e reduzir ainda mais suas chances de sucesso. Só os amadores desprezam o impacto dessas despesas (Seção 3).

Resposta 7

B. Você perdeu US$0,20/onça comprando um contrato de 100 onças, num total de US$20. Você também perdeu US$0,30/onça ou US$30 por contrato no processo de venda, fazendo com que a *slippage* da operação totalize US$50. Isso, somado às comissões, precisa ser acrescentado à perda de US$200 da própria operação (Seção 3).

Resposta 8

C. Você perdeu US$200 por operação, mais US$25 em comissões, mais US$50 de *slippage*. O vencedor ganhou US$200, dos quais teve de pagar comissões de US$25 e US$50 de *slippage*. O ganho total para a indústria de operações de mercado foi de US$150 (US$75 + US$75) – impressionantes 75% do ganho de US$200. É por isso que a saúde da indústria de operações de mercado depende da entrada de novos perdedores com novo dinheiro (Seção 3).

Auto-avaliação

Menos de 4 corretas:	Deficiente. Não desanime – as perguntas às quais você tentou responder raramente são feitas. A indústria de serviços financeiros tenta com muito empenho ocultar muitas das respostas. Não se apresse, leia os materiais de leitura recomendada e faça o teste novamente.
4 a 6 corretas:	Relativamente bom. Você entendeu as idéias básicas. Consulte as respostas das questões que você errou. Reflita sobre elas e repita o teste em alguns dias.
7 a 8 corretas:	Excelente. Você entendeu vários importantes conceitos de negociação. Você se beneficiará dos capítulos sobre psicologia e gestão de dinheiro.

Leitura recomendada

Elder, Alexander. *Como se transformar em um operador e investidor de sucesso* (Rio de Janeiro: Campus/Elsevier, 2004). Veja a Introdução.

1

Psicologia individual

Resposta 9

D. As negociações de mercado são inerentemente arriscadas – os operadores devem lidar com as incertezas do futuro. As reações emocionais – medo, empolgação, dor – são típicas dos amadores. Um operador profissional avalia previamente cada risco e só opera quando as chances a seu favor são boas (Seção 4).

Resposta 10

A. Você precisa dar o melhor de si e tornar-se o melhor operador possível. Concentrar-se no dinheiro, operar para comprar brinquedos caros ou tentar impressionar sua família fazem com que você se desvie da meta de atingir o seu melhor. Um bom cirurgião não conta o dinheiro à mesa de cirurgia – e um operador de mercado inteligente também não faz isso enquanto opera (Seção 4)

Resposta 11

C. Ninguém gosta de procurar defeitos ao se olhar no espelho – mas você precisa aprender com seus erros e encontrar as causas das perdas. Isso precisa ser feito, apesar de ser emocionalmente difícil. Tentar sair do buraco por meio de novas operações, com ou sem um novo guru, é uma garantia de fracasso. Antes de mais nada, você precisa descobrir exatamente o que o fez cair no buraco (Seção 5).

Resposta 12

A. Uma grande conta permite que você diversifique, opere vários contratos e gaste relativamente menos em serviços. Os iniciantes costumam descartar essas vantagens jogando dinheiro pela janela simplesmente porque suas contas ainda não se esgotaram (Seção 5).

Resposta 13

D. III e IV. Os sistemas de negociação comerciais são projetados para comportar dados antigos e se autodestruir quando os mercados mudam. Um operador inteligente que desenvolve o próprio sistema pode fazer os ajustes necessários; um operador que comprou um sistema afunda com ele. Mesmo sistemas com otimização incorporada não apresentam um bom desempenho porque não sabemos que tipos de otimização funcionarão no futuro. Selecionar os sinais de operação de qualquer sistema requer disciplina pessoal e evoca essencialmente as mesmas emoções que as operações independentes. Não há substituto para uma capacidade de julgamento madura (Seção 5).

Resposta 14

D. Os mercados se movimentam em reação a diferentes conjuntos de condições em momentos diferentes. Quase todo método analítico pode, em algum momento, se atrelar ao mercado só para se desatrelar quando as condições mudam. É necessário ser flexível e ter uma boa capacidade de julgamento para ajustar os métodos de negociação ou analíticos. Poucos gurus, embriagados pelo sucesso, conseguem isso (Seção 6).

Resposta 15

D. O domínio da gestão do dinheiro é fundamental para o sucesso nas operações de mercado. É necessário ter disciplina para reduzir as perdas antes que elas reduzam sua conta. Quando você aceitar isso, muitos métodos de negociação ou analíticos poderão funcionar bem para você (Seção 6).

Resposta 16

B. II e IV. Um operador de mercado precisa pensar de maneira independente. Confiar cegamente em um guru pode gerar alguns lucros no curto prazo, mas, no longo prazo, leva a dependência psicológica e perdas (Seção 6).

Resposta 17

D. Os jogos existem em todas as sociedades como uma diversão social inofensiva para os que conseguem parar de apostar quando querem. Apostar em jogos pode representar uma carreira para um operador profissional. Os que se viciam na empolgação dos jogos são vítimas de grandes e persistentes perdas. A rápida aquisição de riquezas é uma ilusão comum entre jogadores viciados. Mesmo quando ganham dinheiro em algum momento, eles se sentem compelidos a jogar de novo e rapidamente perdem seus lucros, devolvendo-os ao mercado (Seção 7).

Resposta 18

C. I, II e III. Um importante sinal de atitude de aposta em jogos é a incapacidade de parar de operar, de se manter na arquibancada e refletir sobre o próprio comportamento. Os operadores de mercado que jogam normalmente apresentam resultados medíocres nas negociações; muitas vezes, eles revertem suas posições e sentem-se deprimidos ou exultantes, dependendo do resultado de sua mais recente operação. Se estiver passando por uma sucessão de perdas, pare de operar até passar tempo suficiente reavaliando seu método. Os operadores sérios param para refletir e aprender com seus fracassos, enquanto os jogadores continuam com suas operações compulsivas (Seção 7).

Resposta 19

A. Qual é o sentido de ter bons resultados históricos se o sistema está destruindo sua conta no presente? Para descobrir o que está errado, mantenha um diário e analise suas razões para entrar e sair das operações. Fique atento a seus sentimentos enquanto opera no mercado e observe sinais de auto-sabotagem. Utilize o que você aprendeu para desenvolver um novo sistema de negociação (Seção 7).

Resposta 20

C. Se a sua vida está um desastre, as negociações no mercado não lhe darão uma saída. A disciplina pessoal é essencial para o sucesso nas operações. Comece a procurar problemas comuns em suas operações de mercado e em sua vida cotidiana. Você parece estar com sérios problemas de responsabilidade. Você precisa encarar o fato e começar a promover mudanças em si mesmo para poder ter sucesso no mercado (Seção 7).

Resposta 21

D. I e IV. Seus sentimentos influenciam cada operação, incluindo a entrada, a saída, a gestão de dinheiro e assim por diante. Se sua mente estiver obscurecida pelo medo ou pela ganância, nenhum sistema será capaz de ajudá-lo. Você não precisa ser mais inteligente do que os outros operadores de mercado – só precisa ter mais disciplina. A exultação com as operações de mercado leva a apostas arriscadas, aceitação de baixas probabilidades e de perdas (Seção 8).

Resposta 22

C. I e III. Você pode aumentar o volume de seus investimentos contanto que não arrisque uma maior participação do valor de sua conta do que antes; tirar férias das negociações no mercado pode ser uma boa idéia – passe algum tempo analisando o que você fez certo. Por outro lado, tornar-se negligente com os stops e preguiçoso nas pesquisas são comportamentos típicos de um perdedor que passa por um período de sorte (Seção 8).

Resposta 23

B. Da próxima vez que você vir um adesivo em um carro dizendo "Um dia de cada vez", lembre-se de que o motorista é provavelmente um alcoólatra anônimo. O foco dos AA em resultados práticos, em permanecer sóbrio dia após dia, fornece uma boa lição para os operadores de mercado. É importante entender o que compele uma pessoa a beber – mas a sobriedade vem em primeiro lugar (Seção 9).

Resposta 24

D. O alcoólatra perde o controle da própria vida – o álcool o domina enquanto ele tenta administrar o que não pode ser administrado. Isso é chamado de negação (Seção 9).

Resposta 25

D. Os dois importantes sinais de alcoolismo são a perda de controle sobre a bebida e os prejuízos à própria vida. A capacidade de deixar de beber nos dias de trabalho não faz com que o problema seja menos real. Este é um exemplo de auto-ilusão, em que os alcoólatras são tão bons (Seção 9).

Resposta 26

A. Um alcoólatra pode deixar de beber álcool pelo resto de sua vida. Ele é impotente em relação ao álcool e deve se esforçar para se manter sóbrio, dia após dia. Quanto mais cedo ele reconhecer isso, melhor para ele (Seção 9).

Resposta 27

D. Os perdedores não conseguem parar de operar no mercado para pensar e refletir. Eles são viciados na emoção do jogo e esperam ganhar muito dinheiro. Eles mantêm poucos registros de suas operações, da mesma forma como os alcoólatras não contam quantas doses tomam. Eles trocam de métodos e sistemas de negociação, da mesma forma que os alcoólatras passam de beber em casa para beber em um bar (Seção 10).

Resposta 28

C. Os perdedores estão presos na empolgação de negociar no mercado e continuam esperando grandes ganhos. Os perdedores quase sempre culpam os outros por suas perdas; não assumir a responsabilidade é característica de um verdadeiro amador (Seção 10).

Resposta 29

D. Assumir a responsabilidade por suas perdas – passadas, presentes e futuras – dissipa a neblina das ilusões e coloca suas negociações em bases novas e realistas. Um sistema de negociação melhor, novos métodos e um grande mercado em alta podem ajudar, mas a responsabilidade pelas próprias escolhas vem em primeiro lugar (Seção 10).

Resposta 30

B. II e III. Um operador que tem a coragem de reconhecer sua tendência de perder provavelmente reduzirá as perdas e evitará operar em excesso. A disciplina o livra do medo, mas isso não reduz as comissões ou a *slippage* – isso depende da escolha meticulosa de um corretor (Seção 10).

Resposta 31

C. Permanecer calmo e utilizar seu intelecto são as pedras fundamentais do sucesso nos investimentos. Um capital maior, amigos informados, o histórico de sucesso em outros empreendimentos são todos fatores desejáveis – mas nenhum se compara em importância a um intelecto tranqüilo e determinado. A emoção nas negociações é a maior inimiga do sucesso. Se as operações no mercado fazem com que você se sinta instável ou temeroso, esses sentimentos entorpecem sua inteligência. Pare de operar quando sentir o peso da emoção (Seção 11).

Resposta 32

D. I, II, III e IV. Operar no mercado proporciona um grande valor de entretenimento. Sem dúvida, a maioria dos operadores de mercado gostaria de ganhar dinheiro, mas o fracasso é uma grande fonte de emoções. Alguns apreciam o desafio intelectual do jogo e passam anos nisso. As recompensas não-financeiras devem ser altas, especialmente considerando que 90% dos operadores de mercado perdem dinheiro (Seção 11).

Resposta 33

A. Se suas emoções fazem com que você entre e saia de negociações sem maiores considerações, você está operando com uma mente entorpecida. Se suas operações são dominadas por suas emoções, o mercado deve lhe parecer ilógico. Outros problemas, como a escassez de boas informações, pouco capital ou um nível de aleatoriedade nos mercados, são causas relativamente secundárias da confusão dos operadores em comparação com os investimentos emocionais (Seção 11).

Resposta 34

D. Só um operador temeroso retira a maior parte dos lucros de sua conta. Um vencedor tem um sistema de negociação e um plano de gestão de dinheiro. Ele não tem pressa de enriquecer e pára para pensar depois de algumas vitórias e fracassos. Ele lida com as negociações de mercado como se fossem um empreendimento tradicional – e poucos homens de negócios retiram a maior parte dos lucros de um poço (Seção 11).

Resposta 35

C. Uma operação tem início quando você decide entrar no mercado e só acaba quando você decide sair. Essas decisões são exclusivamente suas – se permitir que outras pessoas decidam por você, você será um perdedor. Você pode utilizar indicadores técnicos, contar com a análise fundamentalista ou até prestar atenção no que consultores confiáveis dizem – mas só você pode decidir quando uma operação tem início e quando chega ao fim (Seção 11).

Auto-avaliação

Menos de 7 corretas:	Deficiente. A luz vermelha está piscando – seu nível de compreensão o coloca em perigo. Você precisa aprender mais sobre a psicologia dos investimentos no mercado para ter alguma chance de sucesso como operador. Muitos truques psicológicos que ajudam as pessoas na vida cotidiana as destroem nos mercados. O sistema educacional promove a dependência e a mentalidade de seguir o líder. Os operadores de mercado bem-sucedidos são independentes, criativos e realistas. Estude os materiais de leitura recomendada e refaça este teste antes de prosseguir na leitura do restante do livro.
7 a 15 corretas:	Abaixo da média. Acertar 50% das respostas (estar na metade inferior) não é bom o suficiente, já que 50% de todos os operadores de mercado perde dinheiro e some do mercado. É necessário aprender mais sobre a psicologia individual dos investimentos. Estude as questões de realidade *versus* fantasia, de como lidar com a auto-sabotagem e as diferentes maneiras como os vencedores e os perdedores pensam. Releia os materiais relevantes e refaça este teste.
16 a 22 corretas:	Relativamente bom. Você entendeu os conceitos essenciais da psicologia dos investimentos no mercado, mas precisa preencher as lacunas. Leia os materiais de leitura recomendada e refaça o teste alguns dias depois. Os bons operadores nunca param de analisar os mercados e as próprias reações a eles.
Mais de 22 corretas:	Excelente. Você já domina os tópicos deste capítulo. Revise as questões para as quais suas respostas foram diferentes das respostas fornecidas neste livro. Todos os operadores de sucesso apresentam um alto nível de independência. Veja se as discrepâncias foram resultado de erros ou de sua própria forma individual de pensar.

Leitura recomendada

Elder, Alexander. *Como se transformar em um operador e investidor de sucesso* (Rio de Janeiro: Campus/Elsevier, 2004). Veja o Capítulo I, "Psicologia individual".

Leituras adicionais

Douglas, Mark. *The Disciplined Trader* (Nova York: New York Institute of Finance, 1990).

Lefevre, Edwin. *Reminiscences of a Stock Operator* (1923). (Greenville, SC: Traders Press, 1985).

2

Psicologia de massa

Resposta 36

D. O preço é um resultado do que pensa a multidão de operadores de mercado em um determinado momento. Os preços refletem a realidade, como vista pelas massas de participantes do mercado. Os preços são determinados pelas pessoas que tomam decisões de compra e venda. As "curvas de oferta e demanda" estão muito distantes da dura realidade da multidão no mercado. Os preços estão relacionados aos valores fundamentais no longo prazo, mas são governados pela psicologia das massas no dia-a-dia (Seção 12).

Resposta 37

D. Os touros tentam comprar baixo, os ursos tentam vender alto e ambos sabem que precisam se apressar antes que algum operador indeciso entre no mercado e arrebate uma operação deles. A meta de um bom analista técnico é descobrir o equilíbrio de forças entre os touros e os ursos, e apostar no grupo vencedor. Os profissionais operam com o grupo dominante do mercado, enquanto os iniciantes tentam prever o futuro (Seção 12).

Resposta 38

B. Quando opera, você tenta roubar dos outros enquanto os outros tentam roubar de você. Pensar nessa multidão como uma espécie de sinal eletrônico o distancia dessa dura realidade. Todos os membros da multidão do mercado são influenciados pelas correntes de ganância e medo, reduzindo ainda mais sua capacidade de tomar decisões racionais. Não existe dinheiro de graça nesta festa (Seção 13).

Resposta 39

A. "Na dúvida, fique de fora" é uma boa regra de negociações no mercado. A maioria dos operadores não consegue ficar fora do jogo. Eles lêem jornais e newsletters, assistem à televisão, se envolvem em fofocas e caem de cabeça nos mercados. Qual é o sentido de operar no mercado, independentemente de ter uma posição grande ou pequena, se você não souber ao certo o que fazer? (Seção 13)

Resposta 40

C. Todos os lucros que você ganhar precisam vir de outros operadores. Certifique-se de proteger sua carteira, porque os outros operadores tentarão batê-la antes de você conseguir bater a carteira deles. Os corretores e as bolsas de valores tirarão uma parte, independentemente de você ganhar, perder ou empatar (Seção 13).

Resposta 41

D. I, II, III e IV. Operar com base em informações privilegiadas é ilegal nos mercados de ações e opções dos Estados Unidos, mas legal na maior parte do mundo. As informações privilegiadas não garantem o sucesso. Se utilizá-las, você precisa saber o que fazer a respeito, razão pela qual muitas das supostas "dicas dos insiders" levam a perdas. Muitos amadores se surpreendem ao descobrir que as operações de mercado baseadas em muitos tipos de informações privilegiadas são legais nos mercados futuros (Seção 13).

Resposta 42

C. Os investidores institucionais têm grandes recursos financeiros, são bem treinados e têm acesso a informações privilegiadas e boas pesquisas (o que não quer dizer que sempre os utilizem). O operador individual tem uma grande vantagem – a flexibilidade. Ele pode esperar as melhores oportunidades – ele não precisa operar diariamente, como a maioria dos investidores institucionais. A maioria dos indivíduos desperdiça essa vantagem ao não esperar pelas operações com as melhores chances de sucesso (Seção 14).

Resposta 43

D. I, II, III e IV. Um operador de mercado individual médio é um homem com cerca de 50 anos e nível superior. Os dois maiores grupos profissionais entre os operadores de mercado individuais são fazendeiros e engenheiros. Eles apreciam o desafio do jogo, mas se mantêm perdendo dinheiro. Diferentemente dos investidores institucionais, eles não têm chefes para limitar suas perdas (Seção 14).

Resposta 44

A. I e II. Algumas newsletters podem fornecer algumas idéias interessantes de investimentos e são divertidas de ler. Os redatores são teóricos – poucos são especialistas em investimentos. Eles normalmente passam por períodos em que estão na moda e em baixa, e se você se empenhar na análise e nas operações de mercado logo saberá mais a respeito do que a maioria dos redatores dessas newsletters (Seção 14).

Resposta 45

B. I e III. Quando as pessoas se unem às multidões, elas assumem uma postura mais emocional e se tornam mais orientadas ao curto prazo. Seu comportamento impulsivo leva a muita volatilidade nos mercados financeiros. Os membros da multidão confiam mais nos líderes do que em si mesmos. Sua dependência psicológica faz com que essas pessoas não se sintam dispostas ou não sejam capazes de abandonar a multidão até serem sacudidas por uma grande perda (Seção 15).

Resposta 46

D. I, II, III e IV. Quanto maior a incerteza, mais pessoas tendem a observar os outros para se reassegurar. Esse comportamento está profundamente enraizado na natureza humana. A lealdade dos membros ao líder mantém a multidão unida. Um líder pode ser uma pessoa, uma idéia ou, em mercados financeiros não-turbulentos, o próprio preço (Seção 15).

Resposta 47

A. I. As multidões são maiores e mais fortes do que você; não discuta com o mercado. Você pode explorar o comportamento primitivo e repetitivo das multidões do mercado pela utilização de estratégias simples. As multidões do mercado costumam estar certas durante as tendências, mas erradas em pontos de inflexão. Quando permite que o mercado faça com que se sinta exultante ou deprimido, você perde a independência; os operadores de mercado profissionais permanecem calmos (Seção 15).

Resposta 48

C. Quase todos os olhos no mercado estão grudados nos preços. Quanto mais tempo durar uma alta de mercado, mais touros isso atrai e, quanto mais uma queda persistir, mais ursos entram na festa. É por isso que os movimentos do mercado se perpetuam. Novas empresas financeiras são grandes o suficiente para dominar um grande mercado por alguns dias ou mesmo horas. Os gurus são para o mercado como um rabo é para um cachorro – poucos cachorros correm atrás do próprio rabo por muito tempo. Mudanças fundamentais na economia criam condições para os mercados em alta ou em baixa, mas só os operadores podem comprar, vender e criar tendências (Seção 15).

Resposta 49

B. II e III. Toda mudança de preço reflete o que ocorre na batalha entre touros e ursos. Os mercados sobem quando os touros são mais fortes que os ursos. Eles ficam em alta quando os compradores estão confiantes e os vendedores exigem um adicional por participar no jogo que está virado contra eles. Há um comprador e um vendedor por trás de cada transação. O número de ações ou futuros comprados e vendidos é igual por definição (Seção 16).

Resposta 50

D. I, II, III e IV. Quando a tendência é de baixa, os operadores vendidos que estão vencendo querem reforçar suas posições. Eles estão dispostos a vender com um desconto, confiantes de que a tendência de baixa gerará dinheiro para eles. Ao mesmo tempo, os touros, que estão perdendo, sentem-se repelidos e saem do mercado. Eles não têm pressa de comprar e dão lances abaixo do mercado, forçando os ursos a vender cada vez mais barato. Esse processo se reverte durante as tendências de alta (Seção 16).

Resposta 51

B. II e III. Um choque de preço é um súbito movimento contra a tendência. Ele assusta os grupos dominantes e faz com que a oposição se sinta mais ousada. Um rompimento de preços em uma tendência de alta resulta em um choque de preços que assusta os touros. Mesmo que eles consigam elevar os preços a uma nova máxima, sua confiança está abalada e a tendência de alta está pronta para uma reversão (Seção 16).

Resposta 52

C. Uma divergência de baixa ocorre quando os preços se recuperam para uma nova máxima enquanto um indicador sobe para um pico mais baixo. Em uma divergência de alta, os preços caem para uma nova mínima enquanto um indicador cai para uma mínima mais superficial. As divergências de baixa ocorrem durante tendências de alta e ajudam a identificar os topos. As divergências de alta ocorrem durante tendências de baixa e ajudam a identificar fundos de mercado. Eles estão entre os padrões mais úteis da análise técnica (Seção 16).

Resposta 53

1. B; 2. C; 3. A; 4. D. Os analistas fundamentalistas estudam os fatores econômicos; os analistas técnicos estudam as mudanças de preços. Alguns bons operadores sabem como combinar os dois. A ilusão de se tornar um insider pela observação de analistas famosos não altera a realidade de ser um participante baseado em palpites (Seção 17).

Resposta 54

C. I, II e III. A análise técnica é um estudo dos preços no passado. Ela envolve métodos científicos objetivos, mas também requer um nível de talento artístico e a capacidade de ver o todo por trás da saturação de elementos. A análise técnica oferece grandes oportunidades de se iludir, enxergando o que se quer ver. Se alguém lhe disser que se trata de uma habilidade simples, segure bem sua carteira (Seção 17).

Resposta 55

B. I e IV. Um analista deve permanecer calmo, focado na realidade do mercado, identificar a tendência atual e atrelar-se a ela. Quando os operadores tentam prever o futuro, seus egos ficam presos em suas previsões. Fica difícil para eles mudar as posições de investimento quando o mercado se recusa a seguir uma previsão – e eles se prejudicam financeiramente (Seção 17).

Auto-avaliação

Menos de 6 corretas:	Deficiente. Você tem uma compreensão muito limitada da psicologia de massa dos mercados. Se você não sabe como as multidões do mercado se comportam e como elas influenciam sua mente, você é como um pedaço de madeira flutuando nas ondas. Estude os materiais de leitura recomendada e refaça este teste em alguns dias antes de prosseguir na leitura do restante do livro.
6 a 10 corretas:	Abaixo da média. Você não tem uma compreensão suficiente dos mercados. Você precisa aprender mais sobre o equilíbrio psicológico entre os touros e os ursos, o impacto das multidões do mercado sobre você e a diferença entre administrar operações e prever os preços. Releia os materiais relevantes e refaça este teste.
11 a 15 corretas:	Relativamente bom. Você entendeu os conceitos essenciais da psicologia de massa de mercado, mas precisa saber mais. Lembre-se de que é este o momento de pensar sobre a psicologia de massa, não quando os mercados lutam contra a sua posição em aberto. Leia o material de leitura recomendada e refaça o teste em alguns dias. Continue monitorando o impacto da multidão de mercado sobre você enquanto opera.
Mais de 15 corretas:	Excelente. Você já domina os conceitos essenciais deste capítulo. Agora, analise algumas de suas operações recentes à luz desses princípios e continue monitorando o impacto da multidão de mercado sobre você enquanto opera. À medida que prossegue para os capítulos sobre a análise de mercado, mantenha em mente que a análise técnica é a psicologia social aplicada.

Leitura recomendada

Elder, Alexander. *Como se transformar em um operador e investidor de sucesso* (Rio de Janeiro: Campus/Elsevier, 2004). Veja o Capítulo II, "Psicologia de massa".

Leituras adicionais

LeBon, Gustave. *The Crowd* (1897). (Atlanta, GA: Cherokee Publishing, 1982).

Mackay, Charles. *Extraordinary Popular Delusions and the Madness of Crowds* (1841). (Nova York: Crown Publishers, 1980).

3

Análise de gráficos clássica

Resposta 56

1-D; 2-C; 3-A; 4-B. Os amadores costumam se informar à noite e operar de manhã. Os profissionais reagem às mudanças das condições ao longo do dia e normalmente dominam o mercado no fechamento. As compras empurram os preços para cima, e o preço mais alto do dia marca o poder máximo dos touros. As vendas empurram os preços para baixo, e o preço mais baixo do dia marca o poder máximo dos ursos. Essa lógica também se aplica a gráficos semanais e intradiários (Seção 18).

Resposta 57

D. I, II, III e IV. A tomada de decisões com base na esperança (*wishful thinking*) abunda entre os analistas, especialmente aqueles que não operam no mercado. Uma dose de arrogância é de fato útil ao tentar vender serviços de consultoria aos operadores de mercado. Manter obscuras as definições básicas aumenta ainda mais a confusão (Seção 18).

Resposta 58

C. A *slippage* tende a ser mais baixa durante os dias tranqüilos, com faixas de negociação estreitas. Menos oscilações permitem a utilização de stops mais estreitos, reduzindo o risco financeiro. As comissões independem da volatilidade (Seção 18).

Resposta 59

B. A linha horizontal B, que cruza os fundos de janeiro e março, marca a área de suporte. A linha horizontal C começou como resistência, mas mudou para suporte depois que os preços se recuperaram acima dela. O suporte e a resistência freqüentemente trocam de papéis: a área de resistência em elevação muitas vezes se torna a área de suporte em queda, e vice-versa. As linhas diagonais A e D são uma linha de tendência de baixa e uma linha de tendência de alta, respectivamente (Seção 19).

Resposta 60

D. I e IV. As linhas de suporte e resistência são traçadas cruzando as máximas ou as mínimas. As bordas das áreas de congestionamento mostram quando as massas de operadores de mercado operaram e reverteram as posições. Preços extremos mostram apenas os níveis de pânico entre os touros e ursos mais fracos (Seção 19).

Resposta 61

D. I, II, III e IV. O suporte e a resistência existem porque os operadores de mercado têm memória. Quanto mais intensas forem suas memórias, mais eles tenderão a comprar e vender e mais fortes serão o suporte e a resistência. O alto volume mostra um maior comprometimento financeiro e emocional, da mesma forma que a altura da zona de suporte e resistência. Quanto mais tempo os preços passam em uma área de congestionamento e quanto mais vezes essa área for atingida, mais operadores de mercado esperam a ocorrência de uma nova reversão e agem de acordo (Seção 19).

Resposta 62

C. I, II e III. Esperar por uma nova mínima ajuda a garantir que você esteja lidando com um rompimento de baixa. Um falso rompimento representa uma praga para os amadores, mas os operadores profissionais os adoram. Eles costumam esperar que um rompimento de baixa pare de atingir novas mínimas e operam contra ele, colocando um stop de proteção na mínima mais recente (Seção 19).

Resposta 63

C. No ponto 2, o óleo para aquecimento está se recuperando para a resistência. Dependendo do quão altista ou cauteloso você seja, pode compensar estreitar seus stops, realizar o lucro ou até manter o stop onde está. Raramente é uma boa idéia reforçar posições compradas quando os preços estão atingindo a resistência. É mais seguro comprar depois que a resistência foi penetrada. Dois retrocessos em abril ofereceram duas boas oportunidades de compra (Seção 19).

Resposta 64

1. D; 2. C; 3. A; 4. B. Uma linha de tendência de baixa une os topos das altas em uma tendência de baixa. Uma linha de tendência liga os fundos de queda em uma tendência de alta. A área entre o suporte C e a resistência B é uma faixa de negociação (Seção 20).

Resposta 65

Tendências – A, D e E; Faixas de negociação – B, C e F. Uma tendência existe quando os preços continuam subindo ou caindo ao longo do tempo, atingindo máximas mais altas ou mínimas mais baixas. Nas faixas de negociação, a maioria das recuperações se exaure aproximadamente nas mesmas altas e as quedas param aproximadamente nas mesmas mínimas. Na qualidade de um operador, ao reconhecer uma tendência, siga-a e tente manter as posições. Por outro lado, se operar as viradas em uma faixa de negociação, tome um cuidado extra para não manter sua posição por tempo demais (Seção 20).

Resposta 66

1. D; 2. C; 3. B; 4. A. Opere comprado quando os preços estiverem nas proximidades da linha de tendência em alta, especialmente quando as faixas de negociação diárias forem estreitas. Assim que comprar, coloque um stop de proteção ligeiramente abaixo da linha de tendência; desloque-o para cima para proteger seus lucros quando os preços se recuperarem. Um dia com uma faixa de negociação ampla fechando perto das mínimas indica que os ursos estão fortes e a linha de tendência de alta pode estar se rompendo (Seção 20).

Resposta 67

C. I, II e III. A tendência é sua amiga. Ao ver um padrão de máximas mais altas e mínimas mais altas, opere esse mercado com posições compradas. Certifique-se de proteger sua posição com stops e desloque-os para cima à medida que a tendência evolui. Reforce suas posições só depois de proteger seus lucros não-realizados (*paper profits*). Se o mercado superar sua baixa anterior, ele colocará a tendência de alta em dúvida (Seção 20).

Resposta 68

B. As bordas das áreas de congestionamento mostram onde a maioria dos operadores de mercado reverteu a direção. Os fundos de queda mostram onde os ursos pararam e os touros retomaram o controle do mercado. As mínimas extremas só mostram as chances de pânico entre os touros mais fracos. O tempo em que uma linha de tendência permanece inviolada ou quantas vezes os preços a tocam se tornam claros só após o evento. Enquanto isso, precisamos traçar nossas linhas de tendência o quanto antes possível (Seção 21).

Resposta 69

A. As caudas mostram que um alto ou um baixo nível de preço foi rejeitado pela massa dos participantes do mercado. Como os mercados flutuam constantemente, vale a pena operar na direção oposta de uma cauda. É possível identificar várias caudas neste gráfico, seguidas de reversões. Quando um mercado começa a "morder a cauda", retornando à sua área de cauda, é hora de reverter uma posição (Seção 21).

Resposta 70

C. III, IV, I, II. A característica mais importante de uma linha de tendência é a direção de sua inclinação. Quando uma linha de tendência se inclina para cima, isso mostra que os touros estão no controle – é o momento de operar com posições compradas. Quando uma linha de tendência se inclina para baixo, isso mostra que os ursos estão no controle e lhe indica para operar com posições vendidas. Quanto mais tempo uma linha de tendência persistir, maior será a inércia da multidão dominante do mercado. O número de contatos reforça a validade de uma linha de tendência, da mesma forma que o volume em expansão quando os preços se distanciam da linha de tendência (Seção 21).

Resposta 71

A. Quando os preços rompem uma linha de tendência de alta e depois retrocedem a ela vindos de baixo, isso quase sempre oferece uma boa oportunidade de operar a descoberto, com um stop estreito ligeiramente acima da linha de tendência. O rompimento de uma linha de tendência não necessariamente sinaliza a morte de uma tendência de alta; isso depende da margem de penetração, do padrão de longo prazo do gráfico e dos sinais dos indicadores técnicos. Os stops devem ser mantidos muito estreitos durante movimentos verticais dos preços; se os preços se recuperarem diretamente para cima, eles também podem despencar subitamente para baixo (Seção 21).

Resposta 72

1. A; 2. D; 3. B; 4. C; 5. C-D. Os gaps comuns ocorrem em meio às áreas de congestionamento. Os gaps de continuação ocorrem em meio às tendências. Os gaps de corte ocorrem quando os preços rompem as áreas de congestionamento. Quando os preços se recusam a atingir novas máximas depois de formar um gap de alta ou atingir novas mínimas depois de formar um gap de baixa, você provavelmente está lidando com um gap de exaustão. Uma ilha de reversão é um padrão que começa como um gap de exaustão, seguido de uma área compacta de negociação e depois de um gap de corte na direção oposta da tendência anterior (Seção 22).

Resposta 73

D. I, II, III e IV. Gaps ocorrem quando os preços abrem fora da faixa de negociação do dia anterior e permanecem assim o dia todo. Alguns gaps ocorrem quando massas de operadores de mercado se assustam com o desenvolvimento de algum evento; outros gaps refletem as mudanças de preços nos mercados externos enquanto a bolsa local estava fechada. Quando os operadores de sala de negociações detectam um grande desequilíbrio de ordens de compra e venda antes da abertura, esse mercado é aberto acentuadamente mais alto ou mais baixo em relação ao dia anterior (Seção 22).

Resposta 74

1. B; 2. A; 3. A; 4. C. Os gaps comuns não fornecem bons sinais de negociação e devem ser ignorados. Se você precisar operar, oponha-se a eles (opere contra eles). Ao identificar um gap de corte de alta ou um gap de continuação, opere comprado. Opere vendido quando identificar um gap de exaustão de alta. Pode ser mais seguro comprar opções de venda, devido à maior volatilidade em vários topos. Esperar um retrocesso não costuma ser uma tática eficaz ao lidar com os gaps (Seção 22).

Resposta 75

1. C; 2. D; 3. B; 4. A. Os ombros esquerdo e direito são formados por picos de alta. Eles cercam a cabeça – um pico mais alto. Uma linha de pescoço é traçada cruzando os fundos de queda dos ombros esquerdo e direito. Uma linha de pescoço inclinada para baixo é especialmente indicativa de um mercado baixista (Seção 23).

Resposta 76

C. I, II e III. Se operar vendido enquanto o ombro direito está sendo formado, coloque um stop de proteção ligeiramente acima do topo da cabeça. Especifique a ordem como "*stop-and-reverse*" – você não apenas deve cobrir as posições vendidas, como também operar comprado se o padrão cabeça-e-ombros for abortado. Quando os preços rompem a linha de pescoço e depois retrocedem a ela vindos de baixo, isso oferece uma excelente oportunidade de operar a descoberto, com um stop de proteção estreito ligeiramente acima da linha de pescoço. Quando operar vendido em uma tendência de baixa, mantenha sua posição – não a cubra simplesmente porque os preços estão próximos do suporte de curto prazo. Muitos operadores se sentem desmoralizados por perdas anteriores e agarram o primeiro pequeno lucro que conseguem pegar (Seção 23).

Resposta 77

B. O topo da cabeça está próximo de 13,50, enquanto a linha de pescoço está em aproximadamente 12,00 no ponto X – uma distância de aproximadamente 1,50. Projete essa distância para baixo a partir do rompimento da linha de pescoço, perto de 11,80. 11,80 - 1,50 = 10,30. É razoável esperar que o cacau caia para essa área ou abaixo dela (Seção 23).

Resposta 78

A. T e R; B. T; C. T; D. R. As fronteiras superiores dos triângulos e retângulos marcam áreas de resistência, enquanto suas fronteiras inferiores marcam áreas de suporte. Essas linhas são paralelas nos retângulos, mas convergem nos triângulos. Os rompimentos da primeira metade de um triângulo têm mais chances de resultar em uma forte tendência de preço. O oposto se aplica aos retângulos – quanto mais tempo durarem, mais amplo será o movimento após o rompimento (Seção 23).

Resposta 79

1. E; 2. A, B; 3. D; 4. C. As fronteiras superior e inferior de um triângulo simétrico convergem com os mesmos ângulos. Um triângulo ascendente tem uma fronteira superior relativamente horizontal e uma fronteira inferior inclinada para cima. Um triângulo descendente tem uma fronteira inferior relativamente horizontal, mas sua fronteira superior se inclina para baixo. As linhas superior e inferior de um retângulo são paralelas e horizontais. Observe como a área de resistência na subida – a linha superior do retângulo C – se torna o suporte na descida – a linha inferior do triângulo D (Seção 23).

Resposta 80

C. I, II e III. Quando a tendência é de alta, a maior parte das táticas para operar comprado faz sentido. A escolha depende de seu nível de otimismo e do tamanho de sua conta. Independentemente do que fizer, mantenha seus stops de proteção em posições compradas. É perigoso operar sem stops. Se assumir a posição comprada dentro de um triângulo, coloque um stop de proteção imediatamente abaixo desse triângulo. Se assumir a posição comprada em um rompimento ou em um retrocesso, coloque um stop de proteção dentro do triângulo, imediatamente abaixo de sua fronteira superior (Seção 23).

Auto-avaliação

Menos de 7 corretas:	Deficiente. Os gráficos contam uma importante história – e, se você não conseguir interpretá-los, não entenderá a mensagem. Você corre sérios riscos de comprar nos topos e vender nos fundos. Estude os materiais de leitura recomendada, reveja os gráficos, aplique as lições aprendidas e refaça o teste. Não prossiga para o próximo capítulo antes disso – esses conceitos são importantes demais para serem negligenciados.
7 a 13 corretas:	Abaixo da média. Você tem chances mínimas de ganhar o jogo das negociações de mercado. Todos os investidores e operadores de mercado sérios precisam dominar conceitos essenciais como tendências e faixas de negociação, suporte e resistência, continuação e reversão. Leia os materiais de leitura recomendada e refaça o teste.

14 a 20 corretas:	Relativamente bom. Você tem conhecimento suficiente dos principais conceitos da análise de gráficos. Agora você precisa decidir se "relativamente bom" é bom o suficiente para você. Pode ser suficiente se você planejar se concentrar na análise técnica computadorizada, mas insuficiente se você trabalhar com gráficos. Neste caso, consulte os materiais de leitura recomendada para aprender a reconhecer e interpretar gaps, linhas de tendência, triângulos, cabeças-e-ombros, além de outros padrões. Depois, faça o teste novamente.
Mais de 20 corretas:	Excelente. Você dominou os principais conceitos da análise de gráficos. Eles podem ajudá-lo a descobrir as mudanças de poder entre os touros e os ursos. Agora, prossiga para o capítulo sobre a análise técnica computadorizada.

Leitura recomendada

Elder, Alexander. *Como se transformar em um operador e investidor de sucesso* (Rio de Janeiro: Campus/Elsevier, 2004). Veja o Capítulo III, "Análise de gráficos clássica".

Leituras adicionais

Edwards, Robert D. e Magee, John. *Technical Analysis of Stock Trends* (1948). (Nova York: New York Institute of Finance, 1992).

Pring, Martin J. *Technical Analysis Explained*, 3. ed. (Nova York: McGraw-Hill, 1991).

4

Análise técnica computadorizada

Resposta 81

A. I. A análise técnica computadorizada é mais objetiva que a análise de gráficos clássica. Você pode não concordar sobre a presença ou não de um triângulo, mas a direção de um indicador é clara – ou a direção é ascendente ou descendente. Um bom analista técnico tenta descobrir o equilíbrio de forças entre os touros e os ursos e apostar no grupo vencedor – e não prever o futuro. Um computador não elimina todos os fatores emocionais dos investimentos – a ordem de compra ou venda deve ser feita pela pessoa. Se alguém tentar lhe vender "certezas", você corre o risco de cair em um conto-do-vigário (Seção 24).

Resposta 82

B. O software é a parte essencial do pacote. Ele define o que você vê em sua tela e quais indicadores e estudos estão disponíveis. Diferentes programas rodam em diferentes máquinas e por isso é melhor comprar um computador depois de escolher seu software. A maioria dos programas analíticos lê dados em muitos formatos, e há vários programas para converter os dados em formatos que podem ser lidos por quase todos os pacotes de software (Seção 24).

Resposta 83

1. C; 2. A; 3. B. Uma caixa de ferramentas é um conjunto de ferramentas. Ela é útil para um especialista, mas pode ser perigosa nas mãos de um amador. As caixas pretas vêm com excelentes registros históricos, mas se autodestroem quando os mercados mudam; as caixas de cor cinza ficam entre esses dois grupos (Seção 24).

Resposta 84

1. C; 2. A; 3. B. Para ser um operador de mercado de sucesso, você deve combinar os indicadores de diferentes grupos para que suas características negativas se cancelem enquanto as características positivas permanecem inalteradas. O sistema de negociação Triple Screen foi projetado com essa finalidade (Seção 24).

Resposta 85

B. Para calcular uma média móvel simples, some os preços de fechamento do intervalo e divida-os pelo número de dias nesse intervalo. Somar os preços dos últimos 5 dias produz 110 e dividir 110 por 5 dá 22 (Seção 25).

Resposta 86

A. As médias móveis exponenciais (MMEs) são mais difíceis de calcular à mão do que as MMs simples. Se usar um computador, ambos os cálculos serão igualmente fáceis (Seção 25).

Resposta 87

D. Quando a MME sobe, isso demonstra que os touros estão no controle – é o momento de operar comprado. Quando ela cai, isso demonstra que os ursos estão no controle – é hora de operar vendido. A capacidade de uma MME de atingir uma nova máxima ou uma nova mínima também é importante, mas muito menos do que a direção de sua inclinação. A amplitude de seu intervalo temporal é definida pelo operador (Seção 25).

Resposta 88

1. A, C; 2. B; 3. A, C; 4. B. Quando a MME sobe, opere no mercado apenas com posições compradas – coloque suas ordens de compra ligeiramente abaixo da MME. Quando a MME cai, opere no mercado com posições vendidas fazendo ordens de venda ligeiramente acima da MME em queda (Seção 25).

Resposta 89

A. 1, 2, 3, 8; B. 4, 5; C. 6, 7. Quando a MME aponta para cima, os preços normalmente pairam acima dela e cada queda oferece uma boa oportunidade de compra. Quando a MME aponta para baixo, os preços normalmente estão abaixo dela e recuperações de mercado oferecem boas oportunidades de venda a descoberto. As zonas de transição entre as tendências de alta e de baixa são as mais difíceis de operar. Na dúvida, fique de fora até surgir uma tendência clara (Seção 25).

Resposta 90

D. I, II, III e IV. Cada preço é um consenso momentâneo de valor, enquanto uma média móvel indica o consenso médio de valor. Uma MM de prazo mais curto acompanha o consenso de curto prazo e uma MM de prazo mais longo acompanha o consenso de prazo mais longo. Quando a linha rápida da convergência-divergência da média móvel (MACD) estiver acima ou abaixo da linha lenta, isso indica se o mercado, no momento, está sob o domínio dos touros ou dos ursos (Seção 26).

Resposta 91

C. O histograma MACD acompanha o spread entre as linhas MACD rápidas e lentas. Sua inclinação é definida pela relação entre as últimas duas barras do histograma MACD. Quando a inclinação sobe, isso indica que os touros estão no controle e, quando desce, mostra que quem está no controle são os ursos. Vale a pena operar na direção do grupo de mercado dominante. Não se trata de prever o futuro, mas somente de apostar na inércia da multidão do mercado (Seção 26).

Resposta 92

1. A; 2. C; 3. B; 4. D. Quando o histograma MACD atinge uma nova máxima, isso indica que os touros estão fortes e os preços provavelmente retestarão ou excederão seu pico mais recente. Quando o histograma MACD atinge uma nova mínima, isso indica que os ursos estão fortes e os preços provavelmente retestarão ou excederão sua mínima mais recente. Uma divergência de alta dá um forte sinal de compra; ela ocorre quando os preços caem para uma nova mínima, mas o histograma MACD traça um fundo mais superficial. Uma divergência de baixa dá um forte sinal de venda; ela ocorre quando os preços sobem para uma nova máxima, mas o histograma MACD traça uma máxima mais baixa. Por que não comprar no fundo entre as áreas C e D? A experiência demonstra que grandes topos e fundos no histograma MACD, como mostrado na área C, precisam ser retestados duas vezes para criar uma divergência que pode ser operada (Seção 26).

Resposta 93

C. Neste ponto, um novo pico no histograma MACD indica para esperar um pico mais alto para o trigo. A tática é permanecer na arquibancada, utilizando qualquer retrocesso como uma oportunidade de compra (Seção 26).

Resposta 94

C. A parte da barra de hoje que se sobressai acima ou abaixo da barra de ontem representa o movimento direcional de hoje. Se a barra de hoje se estender tanto acima quanto abaixo da barra de ontem, só a parte mais longa representa o movimento direcional. Se a barra de hoje não se estender para fora da barra de ontem, ou se se estender acima e abaixo em quantidades iguais, o movimento direcional será zero (Seção 27).

Resposta 95

1. D; 2. B; 3. C; 4. A. Opere na direção da linha direcional superior enquanto a ADX estiver acima da linha direcional inferior. Quando o indicador direcional médio (ADX) estiver abaixo tanto do +DI quanto do –DI, evite utilizar um método de rastreamento de tendência. Neste gráfico da platina, opere vendido depois que o ADX penetrar acima do +DI. Cubra as posições vendidas quando o ADX se voltar para baixo a partir de ambas as linhas direcionais (Seção 27).

Resposta 96

D. III e IV. Quando o ADX cai para baixo das duas linhas direcionais, isso não sugere nem compra nem venda. Os preços, contudo, apresentam uma tendência de alta. Não é raro para o ADX levar um mês ou mais para gerar um novo sinal depois de identificar uma tendência, como ocorreu com a platina em dezembro. É uma boa idéia consultar outros indicadores (Seção 27).

Resposta 97

A. Os osciladores mensuram a velocidade dos movimentos do mercado. Seus picos e vales podem identificar os pontos de inflexão no otimismo e no pessimismo das massas. Leituras sobrecompradas (*overbought*) de osciladores ajudam a identificar topos de mercado e leituras sobrevendidas (*oversold*) ajudam a reconhecer fundos de mercado. Esses sinais tendem a funcionar durante faixas de negociação, mas costumam ser prematuros e perigosos quando os mercados começam a seguir determinada tendência. Nenhum indicador consegue captar todos os topos e fundos (Seção 28).

Resposta 98

1. C; 2. B; 3. D; 4. A. Sobrecomprado (*overbought*) significa alto demais, pronto para se voltar para baixo. Sobrevendido (*oversold*) significa baixo demais, pronto para se voltar para cima. Linhas de referência superior e inferior devem ser traçadas para que um oscilador passe só cerca de 5% de seu tempo além de cada linha (Seção 28).

Resposta 99

D. Quando um oscilador atinge uma nova máxima, isso indica força e informa os operadores de mercado que a alta provavelmente continuará.

Você pode reforçar as posições compradas ou realizar lucros parciais, mas é melhor ignorar os sinais de venda porque, nessas condições, os preços não têm muitas chances de cair (Seção 28).

Resposta 100

A. I e II. Quando a tendência de mercado é de baixa e um oscilador sobe acima de sua linha de referência superior, isso identifica um otimismo de curto prazo – uma oportunidade para operar a descoberto. Depois, você pode querer cobrir as posições vendidas quando o *momentum* cair abaixo de sua linha de referência inferior ou pode querer manter-se comprado. De qualquer forma, não opere comprado em uma sólida tendência de baixa. Como Peter Lynch, um renomado administrador de recursos financeiros, escreveu: "Tentar pegar um fundo é como tentar pegar uma faca em queda – você invariavelmente vai pegar no lugar errado" (Seção 28).

Resposta 101

1. B; 2. A; 3. D; 4. C; 5. F; 6. E. As divergências de classe A quase sempre dão bons sinais de negociação. Compre quando um indicador se voltar para cima a partir do segundo fundo de uma divergência de alta ou se voltar para baixo a partir do segundo topo de uma divergência de baixa. As divergências de classe B dão sinais menos confiáveis – verifique as mensagens de outros indicadores. As divergências de classe C devem ser ignoradas pelos operadores de mercado (Seção 28).

Resposta 102

C. O Wm%R mede a situação de cada preço de fechamento em relação à faixa máxima-mínima recente. Ele expressa a distância entre a máxima mais alta e a mínima mais baixa em seu intervalo temporal como 100% e a distância entre o preço de fechamento mais recente e o topo do intervalo temporal como uma porcentagem dessa faixa (Seção 29).

Resposta 103

1. B, D; 2. C, F; 3. H; 4. E, G; 5. A. Um oscilador se torna sobrecomprado (*overbought*) quando se eleva acima de sua linha de referência superior. Um oscilador sobrecomprado dá um sinal para vender ou pelo menos para evitar comprar. Um oscilador se torna sobrevendido (*oversold*) quando cai abaixo da linha de referência inferior. Ele dá um sinal para comprar ou pelo menos para evitar vender. Uma *failure swing* ocorre quando um oscilador não consegue atingir sua linha de referência durante um movimento de mercado. Quando o Wm%R não consegue atingir sua linha de referência inferior durante a queda A, essa *failure swing* indica que os touros estão fortes e emite um sinal de compra. As divergências de alta e de baixa proporcionam os sinais mais fortes de compra e venda. A divergência de baixa G é uma divergência de classe A, enquanto as divergências E e H são divergências de classe B (Seção 29).

Resposta 104

D. As quatro afirmativas estão corretas, mas suas mensagens conflitantes anulam-se umas às outras. Não há razão para entrar de cabeça no mercado quando o panorama não está claro. Mantenha-se na arquibancada e espere por sinais melhores. Se o açúcar atingir uma nova máxima e o Wm%R permanecer abaixo de sua linha de referência superior, isso criará uma divergência de baixa de classe A e dará um forte sinal de venda. Se o açúcar cair e o Wm%R tocar sua linha de referência inferior, isso dará um forte sinal de compra, especialmente se a tendência geral for de alta (Seção 29).

Resposta 105

C. II e IV. O melhor será ajustar seu estocástico para o ciclo de mercado dominante. Se um ciclo não estiver presente ou for difícil de encontrar, reduza o intervalo de seu estocástico. Um intervalo mais curto ajuda o estocástico a realizar sua meta – encontrar topos e fundos de curto prazo (Seção 30).

Resposta 106

1. C; 2. B; 3. D; 4. A. Cada preço representa o consenso de valor entre a massa de participantes no mercado no momento da operação. A máxima e a baixa do período recente representam o poder máximo dos touros e dos ursos durante esse período. O estocástico mede a capacidade dos touros ou dos ursos de fechar o mercado perto da borda superior ou inferior da faixa de negociação recente (Seção 30).

Resposta 107

1. B, I; 2. D, F, H, J; 3. J-K; 4. B-C; 5. A, E, G. Um estocástico se torna sobrecomprado (*overbought*) quando se eleva acima de sua linha de referência superior. Ele dá um sinal para vender ou pelo menos para evitar comprar. O estocástico se torna sobrevendido (*oversold*) quando cai abaixo da linha de referência inferior. Ele dá um sinal para comprar ou pelo menos para evitar vender. Uma *failure swing* ocorre quando um estocástico não consegue atingir sua linha de referência durante um movimento de mercado. Quando o estocástico não consegue atingir sua linha de referência inferior durante a queda A, isso mostra que os touros estão fortes e dá um sinal de compra. Quando o estocástico não consegue atingir sua linha de referência superior durante as altas E e G, isso mostra que os ursos estão fortes e dá sinais de venda. As divergências de alta e de baixa entre o estocástico e os preços geram os sinais mais fortes de compra e venda desse indicador. B-C foi uma divergência de baixa de classe A – o preço subiu para uma nova máxima, enquanto o estocástico acompanhava um pico mais baixo. J-K foi uma divergência de alta de classe A – os preços caíram para uma nova máxima, enquanto o estocástico se manteve acima de sua linha de referência (Seção 30).

Resposta 108

B. Considerando o fato de que o estocástico está subindo a partir da divergência de alta J-K, podemos esperar que as ações continuem em alta. O rompimento pelo estocástico a uma nova máxima para o mês também indica uma tendência de alta. Opere comprado e coloque um stop de proteção no nível da mínima mais recente, quatro dias antes do último dia de negociação (Seção 30).

Resposta 109

B. I e II. A maioria das contas de investimentos fica "pregada ao mercado" depois do fechamento. Como resultado, os preços de fechamento definem o valor das contas de investimentos. Alguns operadores de mercado podem tirar dinheiro de suas contas, enquanto outros recebem chamadas de margem, com base nos preços de fechamento. Poucos operadores de mercado experientes "ficam presos" em suas posições durante a noite. Com cada vez mais mercados abrindo em todo o mundo, geralmente é possível sair de uma posição nos mercados externos (Seção 31).

Resposta 110

1. A, G, H, K, M; 2. C, D, L, O; 3. D-F; 4. A-B, M-N; 5. E, I. O RSI oscilador se torna sobrecomprado (*overbought*) quando se eleva acima de sua linha de referência superior. Ele dá sinais de venda, que ajudam os operadores de mercado a vender a descoberto em tendências de baixa ou em mercados horizontais, mas costumam ser prematuros durante tendências de alta. Um RSI se torna sobrevendido (*oversold*) quando cai abaixo da linha de referência inferior. Ele dá sinais de venda, que ajudam os operadores de mercado a assumir a posição comprada em tendências de alta ou em mercados horizontais, mas costuma ser prematuro durante tendências de baixa. As divergências de alta e de baixa proporcionam os sinais mais fortes de compra e venda. As duas divergências de baixa, A-B e M-N, bem como a divergência de alta D-F são todas divergências de classe A. Todas as três dão seus sinais antes de substanciais movimentos do mercado (Seção 31).

Resposta 111

D. I e IV. O RSI se baseia exclusivamente nos preços de fechamento. Ele normalmente rompe a sua linha de tendência alguns dias antes dos preços, informando aos operadores de mercado para se preparar para uma possível mudança de tendência. Esses rompimentos fornecem mensagens particularmente fortes quando acompanhados de outros sinais. Observe na Figura 14 como o rompimento da linha de tendência de baixa E foi seguido de uma divergência de alta D-F, pressagiando um poderoso movimento para cima (Seção 31).

Resposta 112

A. A tendência de baixa está intacta, o RSI caiu para uma nova mínima (ausência de divergência de alta) e sua linha de tendência de baixa não foi rompida. Se você vendeu o ouro depois da divergência de baixa M-N, mantenha-se comprado ou realize lucros parciais. É arriscado demais iniciar posições vendidas quando o RSI estiver profundamente sobrevendido (*oversold*) e quando for cedo demais para operar comprado (Seção 31).

Auto-avaliação

Menos de 9 corretas:	Deficiente. Você tem uma compreensão muito limitada da análise técnica moderna. Independentemente de planejar usar ou não um computador, você precisa aprender os conceitos essenciais. Estude a literatura recomendada e refaça este teste.
9 a 17 corretas:	Abaixo da média. Você precisa entender as mensagens dos osciladores e rastreadores de tendências. Eles oferecem insights sobre o equilíbrio de forças entre os touros e os ursos. Estude os materiais de leitura recomendada e refaça este teste antes de prosseguir na leitura do restante do livro.
18 a 24 corretas:	Relativamente bom. Você tem um razoável domínio dos conceitos essenciais da análise técnica computadorizada. Agora, revise suas respostas para descobrir seus pontos fortes e fracos. Você se sente mais à vontade com os rastreadores de tendências ou com os osciladores? Você é melhor encontrando sinais que identificam tendências ou reversões? Revise a literatura recomendada e refaça o teste alguns dias depois. Reflita sobre o que esses testes revelam sobre as suas preferências. A maioria dos operadores de mercado bem-sucedidos se concentra em apenas alguns tipos de operações. Alguns preferem seguir tendências, enquanto outros são melhores na identificação das reversões. Operador, conheça-te a ti mesmo.

Mais de 24 corretas: Excelente. Você tem um bom domínio da análise técnica computadorizada. Esses indicadores são os elementos essenciais de vários bons sistemas de negociação (veja o Capítulo IX). Antes de trabalhar com um sistema, vamos revisar outros tipos de indicadores disponíveis aos analistas de mercado (Capítulos V-VIII).

Leitura recomendada

Elder, Alexander. *Como se transformar em um operador e investidor de sucesso* (Rio de Janeiro: Campus/Elsevier, 2004). Veja o Capítulo IV, "Análise técnica computadorizada".

Leitura adicional

Murphy, John J. *Technical Analysis of the Futures Markets* (Nova York: New York Institute of Finance, 1986).

5

Os elementos essenciais negligenciados

Resposta 113

D. I, II, III e IV. Há três maneiras de medir o volume: o número de contratos ou ações negociadas, o número de operações realizadas e o número de mudanças de preços. O primeiro método fornece o reflexo mais preciso da atividade do mercado (Seção 32).

Resposta 114

A. Cada operação representa um comprometimento financeiro e emocional de dois operadores de mercado. Como um deles provavelmente está errado, o volume reflete a atividade dos vencedores e dos perdedores. O volume oscila quando os perdedores entram em pânico. Ele reflete a atividade corrente, mas não prevê o futuro (Seção 32).

Resposta 115

1. B; 2. A; 3. C; 4. D. As tendências costumam persistir quando o volume estiver estável ou ligeiramente mais alto. Elas normalmente expiram com uma drástica explosão ou redução de volume. A tendência não pode continuar depois que os perdedores abandonam o mercado (Seção 32).

Resposta 116

1. D; 2. F; 3. C; 4. A; 5. B, G. O volume crescente ou estável confirma as tendências. Quando os preços sobem para uma nova máxima ou caem para uma nova mínima enquanto o volume encolhe, a tendência tende a se reverter. Um aumento drástico do volume mostra que o movimento se tornou insustentável e o mercado tende a virar (Seção 32).

Resposta 117

D. Quando os sinais estão confusos, como estão agora, vale a pena ficar de fora. Espere para operar depois de ter um sinal claro! Os mercados continuarão lá amanhã. Os vencedores esperam pelas melhores oportunidades de negociação, enquanto os amadores se apressam para operar só pela empolgação (Seção 32).

Resposta 118

C. I, II e III. O OBV é criado somando o volume de um dia a um total móvel enquanto um objeto de negociação sobe e subtraindo o volume de um dia do total quando esse objeto está em queda. O OBV confirma os movimentos de alta quando sobe para uma nova máxima; ele confirma as quedas quando cai para novas mínimas. Os preços representam o consenso de valor enquanto o volume, medido pelo OBV, acompanha as emoções dos operadores (Seção 33).

Resposta 119

1. B; 2. C, D, E; 3. A. Quando o OBV sobe para a nova máxima A, ele indica aos operadores de mercado para esperar preços mais altos no futuro. Quando as ações sobem para a nova máxima B, o OBV rastreia um pico mais baixo – uma divergência de baixa de classe A, uma boa oportunidade para operar a descoberto. O OBV conduz a ação na descida. Seu rompimento no ponto E dá um sinal especialmente útil – ele informa aos operadores de mercado para manter suas posições vendidas. A ação se mantém horizontal por quase um mês, mas segue o OBV e renova seu declínio (Seção 33).

Resposta 120

A. A tendência de preços é de baixa; a tendência do OBV é de baixa. Opere vendido, não discuta com a tendência. O fato de o OBV não ter atingido uma nova mínima no último dia de negociação não é motivo para alarme. Importantes divergências levam muitos dias ou semanas para se desenvolver. O fato de o OBV estar arranhando o fundo, pairando enquanto cai, indica uma tendência de baixa suficiente (Seção 33).

Resposta 121

1. D; 2. C; 3. B; 4. A. Os preços de abertura e fechamento estão entre os preços mais importantes do dia. As aberturas são amplamente dominadas pelos amadores que se apinham nos mercados de manhã. Os fechamentos tendem a ser dominados pelos profissionais do mercado que monitoram as condições ao longo do dia. Acumulação/distribuição é um indicador que liga o volume à relação entre os preços de abertura e fechamento (Seção 33).

Resposta 122

B. Os contratos em aberto refletem o número de contratos mantidos pelos compradores ou pelos vendedores em um determinado mercado em um determinado dia. É igual ao total das posições compradas ou ao total das posições vendidas (Seção 34).

Resposta 123

1. B; 2. C; 3. C; 4. A. A quantidade de contratos em aberto aumenta só quando um novo comprador e um novo vendedor entram no mercado – suas operações criam um novo contrato. A quantidade de contratos em aberto cai quando um operador que está comprado vende para outro que está vendido, porque ambos fecham suas posições. Se um novo touro comprar de um velho touro que esteja saindo de sua posição comprada, os contratos em aberto permanecem inalterados. O mesmo ocorre quando um novo urso vende a um velho urso que precise comprar por estar fechando sua posição a descoberto (Seção 34).

Resposta 124

D. I, II, III e IV. Um aumento na quantidade de contratos em aberto mostra que uma multidão de touros confiantes está em confronto com a multidão de ursos igualmente confiantes. Um grupo decerto perderá, mas, enquanto os possíveis perdedores continuarem entrando no mercado, a tendência provavelmente perdurará (Seção 34).

Resposta 125

1. C, D; 2. B; 3. A, F; 4. D-E. O aumento da quantidade de contratos em aberto mostra um confronto crescente entre touros e ursos e confirma a tendência de alta. A queda da quantidade de contratos em aberto mostra que os touros estão dando o fora enquanto os ursos estão realizando lucros, mostrando pouca confiança na tendência de baixa. Quando os preços sobem para uma nova máxima, mas a quantidade de contratos em aberto encolhe, isso mostra que os touros, apesar de vitoriosos, estão perdendo a confiança. Trata-se de uma divergência de baixa de classe A; opere vendido (Seção 34).

Resposta 126

D. III e IV. A tendência é sua amiga – não discuta com ela. Se você precisou fazer uma operação no último dia deste gráfico, teve de operar vendido, já que a tendência é de baixa. Como ninguém o está forçando a operar, fique de fora. A tendência de baixa é antiga, está caindo para o suporte, e é arriscado operar vendido nesse ponto. Prepare-se para vender a descoberto na próxima pequena recuperação, com um stop estreito. Se a tendência de baixa se reverter e o milho se recuperar acima de seu topo anterior de abril, seu stop estará fechado para o mercado e você poderá reverter e operar comprado (Seção 34).

Resposta 127

C. I, II e III. O HPI utiliza preços máximos e mínimos, volume e contratos em aberto. Ele confirma tendências válidas e ajuda a identificar suas reversões (Seção 35).

Resposta 128

1. C; 2. B; 3. A; 4. D, E. As novas máximas do HPI confirmam as tendências de alta dos preços e as novas mínimas do HPI confirmam as tendências de baixa. As divergências de alta e de baixa do HPI costumam preceder as reversões de tendência, mas apresentam longos tempos de execução. Ambas as divergências do gráfico são divergências de classe A. Assim que identificar um ponto de inflexão potencial utilizando uma divergência do HPI, mude para osciladores de curto prazo para identificar o momento oportuno com mais precisão (Seção 35).

Resposta 129

A. I e III. Os preços se recuperaram acima do pico do início de maio e o HPI subiu para um novo pico. Isso mostra uma forte acumulação e indica que os preços tendem a subir ainda mais – opere comprado (Seção 35).

Resposta 130

C. I, II e III. Os ciclos de preço devem sua existência a fatores fundamentais de produção, à psicologia de massa dos consumidores e produtores, bem como às ondas de ganância e medo entre os operadores de mercado. Os ciclos surgem e desaparecem à medida que as condições do mercado mudam. Tentar relacioná-los a algumas "leis imutáveis", incluindo os astros, como alguns consultores fazem, provavelmente não passa de um exercício de futilidade (Seção 36).

Resposta 131

A. A tendência é de alta, e as quedas duram cerca de metade do tempo que as recuperações que as precedem. Quando quiser comprar, utilize osciladores de curto prazo para ajudar a identificar os pontos de compra exatos. Você também pode comprar imediatamente, dependendo de seu nível de otimismo. Não comprar porque é "tarde demais" significa discutir com a tendência – nunca é uma boa idéia ao negociar no mercado (Seção 36).

Resposta 132

1. C; 2. D; 3. A, E; 4. B. A estação de um indicador é definida por sua inclinação e sua posição acima ou abaixo da linha central. Quando um indicador sobe, mas ainda está abaixo da linha central, é primavera; quando sobe acima da linha central, é verão; quando cai a partir de algum ponto acima da linha central, é outono; e, quando cai abaixo da linha central, é inverno. A primavera é a melhor estação para operar comprado e o outono é a melhor estação para vender a descoberto. Este gráfico mostra o crash do mercado de ações em 1987 – o mercado caiu quando o histograma MACD indicava outono! As estações não são fixas – nem em sua natureza nem nos mercados. Observe o breve “verão indiano” no mês de outubro e o breve “congelamento” no início da primavera (Seção 36).

Resposta 133

A. Cada referência temporal de mercado se relaciona com suas próximas referências temporais maiores ou menores pelo fator 5. Se você quiser analisar gráficos diários, deve primeiro analisar os gráficos semanais. Nenhuma outra combinação da lista segue a Regra dos 5 (Seção 36).

Auto-avaliação

Menos de 6 corretas:	Deficiente. Você precisa aprender mais sobre os elementos essenciais negligenciados da análise de mercado. Isso lhe dará uma vantagem sobre a maioria dos outros operadores de mercado. Leia os materiais recomendados e refaça o teste alguns dias depois.
6 a 11 corretas:	Abaixo da média. Você não está em uma boa posição para lucrar nos mercados. Revise os materiais de leitura recomendada e estude os conceitos essenciais de tempo, volume e contratos em aberto.

12 a 16 corretas:	Relativamente bom. Você tem alguma compreensão dos conceitos essenciais da análise técnica, que a maioria dos operadores de mercado negligenciam. Revise suas respostas para ver se sua pontuação caiu como resultado de pontos fracos em uma área específica, como tempo, volume ou contratos em aberto. Depois, retorne à lista de leitura recomendada, preencha as lacunas em seu conhecimento e refaça o teste alguns dias depois.
Mais de 16 corretas:	Excelente. Você compreende as idéias que a maioria dos operadores de mercado não entende. Tempo, volume e contratos em aberto proporcionam uma dimensão extra da análise e aprofundam seu conhecimento da dinâmica do mercado.

Leitura recomendada

Elder, Alexander. *Como se transformar em um operador e investidor de sucesso* (Rio de Janeiro: Campus/Elsevier, 2004). Veja o Capítulo V, "Os elementos essenciais negligenciados".

Leitura adicional

Belveal, L. Dee. *Charting Commodity Market Price Behavior* (1969) (Homewood, IL: Business One Irwin, 1985).

6

Indicadores do mercado de ações

Resposta 134

C. I, II, III e IV. O índice *new high-new low* (NH-NL), ou índice de nova máxima-nova mínima, é um indicador antecedente do mercado de ações. Ele funciona mensurando as diferenças diárias entre as ações mais fortes e as mais fracas em qualquer determinada bolsa. As novas máximas são as ações que subiram ao nível mais alto em um ano e as novas mínimas são as ações que caíram para o nível mais baixo em um ano em qualquer determinado dia. As novas máximas são as líderes em força e as novas mínimas são as líderes em fraqueza (Seção 37).

Resposta 135

1. D; 2. C; 3. A; 4. B. Quando o NH-NL sobe para uma nova máxima, isso mostra que a liderança altista está ganhando força. Vale a pena seguir os líderes e operar comprado. Quando o NH-NL cai para uma nova mínima, isso mostra que a liderança baixista está ganhando força – então, vale a pena operar vendido. Se o mercado mais amplo estiver em alta, mas o NH-NL indicar um pico mais baixo, isso mostra que a tendência de alta está perdendo seus líderes e pode estar com problemas. Se o mercado cair para uma nova mínima, mas o NH-NL indicar um fundo mais alto, isso mostra que a tendência de baixa está perdendo seus líderes e se aproximando de um fundo (Seção 37).

Resposta 136

1. E, F; 2. B; 3. A, G; 4. C, D. O NH-NL rastreia líderes de mercado – é um dos melhores indicadores antecedentes do mercado de ações. O mercado subiu ligeiramente mais em B do que em A, mas neste ponto tivemos menos novas máximas líquidas. Essa divergência de baixa deu um sinal de venda. À medida que o mercado começou a cair, fundos mais baixos no NH-NL indicaram uma forte liderança baixista. Isso foi um sinal para esperar preços mais baixos no futuro. As ações caíram a novas mínimas em outubro, mas a liderança baixista continuou a encolher. Essas divergências de alta deram sinais de compra. O NH-NL confirmou que os touros estavam no controle quando cruzou para o território positivo (Seção 37).

Resposta 137

B. II. O mercado mostra uma perfeita tendência de alta. As ações estão atingindo máximas mais altas e as quedas param nas mínimas mais altas enquanto o NH-NL sobe para novas máximas no movimento ascendente. Este mercado deve ser operado só em posições compradas. Este gráfico reflete a atividade do mercado de ações antes, durante e depois do conflito Iraque/Kuwait em 1990-1991. Em julho, o NH-NL indicou fraqueza antes da invasão iraquiana do Kuwait e provocou queda das ações. À medida que o prazo final para o ataque dos aliados se aproximava e as tensões se acumulavam, as divergências de alta do NH-NL forneciam fortes sinais de compra – em meio a um cenário tenebroso, no fundo do mercado (Seção 37).

Resposta 138

C. Quando o volume das ações em alta permanece desproporcionalmente alto em relação a seu número por vários dias seguidos, isso mostra que a tendência de alta atingiu seu ponto extremo – ela não tem mais para onde ir, a não ser para baixo. Esse sinal de um mercado sobrecomprado indica para operar vendido durante mercados em baixa ou ficar de fora durante mercados em alta, em vez de entrar em novas posições compradas (Seção 38).

Resposta 139

C. As mesmas leituras de TRIN fornecem diferentes mensagens em diferentes condições de mercado. As leituras *overbought* e *oversold* são mais altas durante mercados em alta e mais baixas durante mercados em baixa. É por isso que um operador de mercado precisa ajustar as linhas de *overbought* (sobrecomprado) e *oversold* (sobrevendido) a cada dois ou três meses (Seção 38).

Resposta 140

1. A, D, E, F; 2. B, C, G; 3. D-E; 4. B-C. Quando o TRIN atinge uma nova máxima ou uma nova mínima, isso indica que a tendência atual é forte. Compre ações quando o TRIN sair de sua zona sobrevendida (*oversold*), venda a descoberto quando sair da zona sobrecomprada (*overbought*). Uma divergência entre o TRIN e um índice de mercado de ações mostra que a tendência está fraca e pronta para a reversão. Ambas as divergências deste gráfico são divergências de classe B – não tão fortes quanto as de classe A, mas melhor do que nada (Seção 38).

Resposta 141

A. Sim, o sinal mais recente do TRIN foi de venda – mas isso foi há alguns dias e devemos decidir o que fazer hoje. Sim, o TRIN está se aproximado de sua zona de compra – mas ainda não chegou lá. Um analista e operador de mercado deve agir no momento presente e não se ater a sinais passados ou tentar prever o futuro. No último dia deste gráfico, o TRIN está preso no meio de sua faixa e não indica uma oportunidade clara de compra ou de operação a descoberto (Seção 38).

Resposta 142

C. I, II e III. Uma linha A/D mensura a participação das massas em altas e quedas. Uma alta ou uma queda tem mais chances de persistir quando a linha A/D sobe para uma nova máxima ou cai para uma nova mínima, atrelada à Dow Jones Industrial Average ou à S&P 500. Os operadores de mercado precisam monitorar novos picos e vales na linha A/D porque seu nível absoluto depende simplesmente de sua data de início. A linha A/D rastreia apenas as mudanças de preços, não o volume (Seção 38).

Auto-avaliação

Menos de 5 corretas:	Deficiente. Se não tiver nenhum interesse no mercado de ações, você pode pular esses indicadores. Se planeja negociar ações, futuros ou opções, você precisa aprender como utilizar o índice new high-new low e o traders' index. Estude a literatura recomendada e refaça este teste.
5 a 7 corretas:	Relativamente bom. Da próxima vez que ler o jornal, você será capaz de interpretar a mensagem das novas máximas ou novas mínimas. Você também pode ser capaz de calcular o TRIN e descobrir se o mercado de ações está sobrecomprado (*overbought*) ou sobrevendido (*oversold*). Antes de prosseguir para o próximo capítulo, consulte as respostas das questões que errou, estude os materiais de leitura recomendada e refaça o teste alguns dias mais tarde.
8 a 9 corretas:	Excelente. Você compreende os indicadores essenciais do mercado de ações e sabe como utilizá-los nas operações. Se os combinar com os indicadores computadorizados avançados (veja o Capítulo IV), você estará em vantagem em relação à multidão no mercado.

Leitura recomendada

Elder, Alexander. *Como se transformar em um operador e investidor de sucesso* (Rio de Janeiro: Campus/Elsevier, 2004). Veja o Capítulo VI, "Indicadores do mercado de ações".

Leituras adicionais

Arms, Richard W., Jr. *The Arms Index* (Homewood, IL: Business One Irwin, 1988).

Granville, Joseph. *New Strategy of Daily Stock Market Timing for Maximum Profit* (Englewood Cliffs, NJ: Prentice Hall, 1976).

7

Indicadores psicológicos

Resposta 143

B. I e III. Quando a maioria dos operadores de mercado fica altista, um operador esperto começa a vender suas posições e procura oportunidades de venda a descoberto. Ele sabe que os touros já estão carregados de ações, futuros ou opções e não podem comprar mais. Além disso, muitos deles têm pouco capital – esses entrantes atrasados são tudo, menos fortes e confiantes. Como Humphrey Neill expressou: "Quando todos pensam da mesma forma, todos têm chances de estar errados" (Seção 39).

Resposta 144

A. A estrutura dos mercados de futuros e opções garante que o número de contratos comprados e vendidos no mesmo mercado seja sempre igual. Se 75% dos participantes do mercado estão altistas, então há três vezes mais touros do que ursos. Neste caso, um urso, em média, está vendido em três vezes mais contratos do que um touro, em média, está comprado. Assim, a maior parte do dinheiro está no lado baixista. O volume de dinheiro não aumentou com a estupidez; vale a pena apostar na maioria mais abastada. Quando o consenso de alta sobe para 75%, comece a vender e procurar oportunidades de venda a descoberto (Seção 39).

Resposta 145

D. O número de contratos vendidos e comprados é sempre igual. Se a maioria dos participantes do mercado está baixista, a minoria altista deve manter mais contratos por operador. Um consenso de alta de 20% significa que há quatro ursos para cada touro – um touro, em média, está comprado em quatro vezes mais contratos do que um urso, em média, está vendido. Com a maior parte do dinheiro na posição comprada do mercado, prepare-se para uma acentuada alta do mercado (Seção 39).

Resposta 146

B. Um mercado em alta que chamou a atenção do público geral é provavelmente muito velho e está se preparando para uma reversão. Os mercados costumam ser muito voláteis nos topos; escalar para uma posição de opção de vendas pode ser a estratégia de operação mais segura. Tentar comprar café agora significa apostar na teoria do mais tolo. Outros mercados deveriam ser operados com base nos próprios méritos (Seção 39).

Resposta 147

A. II; B. IV; C. I; D. III. As posições dos operadores de mercado são informadas para o governo depois que seu tamanho atinge um determinado nível de divulgação. Esses níveis diferem de mercado para mercado. Os limites de posição indicam o número máximo de contratos que um especulador pode manter em qualquer determinado mercado. Os hedgers estão isentos de limites de posição. Muitos amadores se surpreendem ao descobrir que operações de mercado baseadas em muitos tipos de informações privilegiadas são perfeitamente legais nos mercados futuros (Seção 40).

Resposta 148

A. II; B. III; C. IV; D. I. Os comerciantes lidam com as commodities no curso normal do negócio e utilizam os futuros para atenuar os riscos do negócio. Grandes especuladores são aqueles cujas posições atingem ou excedem os níveis de divulgação. Se você subtrair as posições desses dois grupos dos contratos em aberto, descobrirá quantos contratos são mantidos pelos pequenos operadores de mercado. O último grupo muitas vezes acaba no lado errado das tendências de mercado. Os insiders corporativos são diretores de empresas de capital aberto que mantêm 5% ou mais das ações da empresa (Seção 40).

Resposta 149

D. A compra por insiders corporativos é um forte sinal de alta. Aos 11 meses, o mercado baixista está velho. Ninguém se dará ao trabalho de anunciar o início de um mercado altista. Como operador, você ainda pode querer roer as bordas na posição vendida, mas, como investidor, é o momento de começar a acumular as ações que você selecionou (Seção 40).

Auto-avaliação

Menos de 4 corretas:	Deficiente. Os indicadores da psicologia de massa proporcionam insights únicos sobre as forças que movimentam os mercados. É importante entender como eles funcionam, independentemente de utilizá-los em seu trabalho diário ou não. Reveja a literatura recomendada e refaça este teste.
4 a 5 corretas:	Relativamente bom. Você tem uma razoável compreensão dos indicadores que mensuram o comportamento do mercado de massa. Isso pode ser suficiente se você só desejar um conhecimento geral do conceito. Se você planeja utilizá-los nas operações de mercado, consulte os materiais de leitura recomendada, veja as respostas das questões que você errou e refaça este teste vários dias depois.

6 a 7 corretas: Excelente. Você compreende como os indicadores da psicologia do mercado de massa podem mostrar se o mercado está em uma área de topo ou de fundo. Munido desse conhecimento, você pode utilizar os indicadores computadorizados (veja o Capítulo IV) para fazer ajustes finos em suas entradas e saídas das operações.

Leitura recomendada

Elder, Alexander. *Como se transformar em um operador e investidor de sucesso* (Rio de Janeiro: Campus/Elsevier, 2004). Veja o Capítulo VII, "Indicadores psicológicos".

Leitura adicional

Neill, Humphrey B. *The Art of Contrary Thinking* (1954). (Caldwell, ID: Caxton Printers, 1985).

8

Novos indicadores

Resposta 150

A. III; B. I; C. IV; D. II. Cada preço representa o consenso de valor de todos os participantes do mercado no momento da operação. Os preços de fechamento são especialmente importantes porque os operadores de mercado não podem fazer nada até a reabertura do mercado. Uma média móvel é um consenso médio de valor, uma fotografia composta dos preços. A máxima e a mínima de cada dia mostram como os touros conseguem levantar o mercado e como os ursos podem empurrá-lo para baixo (Seção 41).

Resposta 151

1. D; 2. B; 3. D; 4. A. De acordo com a fórmula, *Bull Power* = Máxima – MME; *Bear Power* = Mínima – MME (Seção 41).

Resposta 152

C. I, II e III. O Elder-ray mostra o poder dos touros medindo até que ponto eles podem elevar os preços acima do consenso médio de valor. Ele mostra o poder dos ursos medindo o quão profundamente eles podem empurrar os preços abaixo do consenso médio de valor. A média móvel exponencial, um componente do Elder-ray, ajuda a identificar as tendências do mercado. Quando a tendência é de alta e os ursos perdem poder, o Elder-ray sinaliza oportunidades de compra. Quando a tendência é de baixa e os touros começam a cair, o Elder-ray sinaliza oportunidades de venda a descoberto. A utilização do Elder-ray, como qualquer outro indicador ou sistema, requer capacidade de julgamento; sistemas automáticos não sobrevivem nos mercados (Seção 41).

Resposta 153

1. D; 2. B; 3. C; 4. A. Opere comprado somente quando a tendência for de alta e venda a descoberto somente quando a tendência for de baixa. Não siga a tendência – compre quando os ursos estiverem com os pés firmes no chão. Venda a descoberto quando os touros estiverem com as cabeças para fora d'água. Mantenha-se com uma tendência de alta até que ela se reverta ou o *Bull Power* (Poder dos Touros) mostre uma divergência de baixa, indicando que os touros estão enfraquecendo. Mantenha-se com uma tendência de baixa até que ela se reverta ou o *Bear Power* (Poder dos Ursos) mostre uma divergência de alta, indicando que os ursos estão se enfraquecendo (Seção 41).

Resposta 154

1. E; 2. D; 3. F; 4. A, B, C. Enquanto a MME estiver apontando para baixo, opere apenas com posições vendidas. Quando o *Bull Power* (Poder dos Touros) se tornar positivo durante uma tendência de baixa, isso mostra que os touros subiram para respirar. Espere o *Bull Power* (Poder dos Touros) inclinar-se para baixo (mesmo se ele ainda permanecer positivo) e faça uma ordem para vender a descoberto abaixo da mínima do último dia de negociação. Cubra posições vendidas quando uma divergência de alta no *Bear Power* (Poder dos Ursos) indicar que os ursos estão perdendo força. Reverta o procedimento nas tendências de alta. Enquanto a MME estiver subindo, opere somente em posições compradas. Sempre que o *Bear Power* se tornar negativo, isso mostra que os ursos retomaram as bases. Faça um pedido de compra acima da máxima do último dia de negociação assim que o *Bear Power* inclinar-se para cima (mesmo se ainda permanecer negativo). Venda quando uma divergência de baixa no *Bull Power* indicar que os touros estão perdendo força (Seção 41).

Resposta 155

A. A tendência é de alta e o novo pico no *Bull Power* confirma isso. Esse pico recorde indica que o último pico de preço provavelmente será testado ou superado. Não lute contra a tendência e tente esperar pelo topo – simplesmente continue aumentando seus stops de proteção em pequenos incrementos. Esteja preparado para reforçar as posições compradas se e quando o *Bear Power* ficar negativo e quando inclinar-se para cima enquanto a MME ainda estiver em alta (Seção 41).

Resposta 156

C. I, II e III. A direção do movimento mostra se a força é positiva ou negativa. A distância entre o preço de fechamento de hoje e de ontem mostra a margem de vitória dos touros ou dos ursos. Altas de grande volume mostram um maior envolvimento da multidão do mercado e têm mais chances de persistir. Quanto maior for a distância e mais alto for o volume, maior será a força do movimento (Seção 42).

Resposta 157

D. Para calcular o índice de força diário, descubra a direção e a extensão da mudança de preço subtraindo o preço de fechamento de ontem do preço de fechamento de hoje. Multiplique o resultado pelo volume de hoje. A combinação desses três fatores essenciais permite o cálculo do índice de força de hoje (Seção 42).

Resposta 158

D. I, II, III e IV. Quando a tendência for de alta e a MME de 2 dias do índice de força ficar negativa, isso dá um sinal de compra. Quando a tendência for de baixa e a MME de 2 dias do índice de força ficar positiva, isso dá um sinal de venda a descoberto. As divergências entre a MME de 13 dias do índice de força e o preço costumam marcar importantes reversões da tendência (Seção 42).

Resposta 159

1. C, D, K; 2. E, F; 3. A, G, H; 4. B, I. Quando a MME de 13 dias do índice de força subir para uma nova máxima, isso mostra que os touros estão muito fortes e os preços tendem a continuar em alta. Quando esse indicador cair para uma nova mínima, isso indica que os ursos estão muito fortes e os preços provavelmente cairão. As divergências de alta e de baixa entre a MME de 13 dias do índice de força e os preços marcam importantes pontos de inflexão nos mercados. Esses sinais, apesar de poderosos, não são perfeitos – nada é perfeito nos mercados. Observe como a divergência de baixa D-E foi abortada, lembrando os operadores de mercado da necessidade de utilizar os stops (Seção 42).

Resposta 160

B. I e III. O padrão de picos mais altos e mínimas mais altas significa que o milho está em uma tendência de alta. O novo pico recente no índice de força indica que os touros estão fortes. O índice de força está tendendo para baixo, mas a distância entre os seus picos recentes é muito pequena para indicar uma divergência. A tendência de alta merece o benefício da dúvida. Não vale a pena conjeturar se o mercado está "alto demais" (Seção 42).

Auto-avaliação

Menos de 4 corretas:	Deficiente. Anime-se – você pode não ter ouvido falar desses novos indicadores. Estude os materiais de leitura recomendada. Independentemente de você planejar utilizar ou não essas ferramentas, elas podem lhe mostrar como desenvolver os próprios indicadores.
4 a 6 corretas:	Abaixo da média. Você está no caminho certo, mas precisa estudar mais. Estude os materiais de leitura recomendada.

7 a 9 corretas: Relativamente bom. Você está começando a entender as novas idéias. Reveja suas respostas para ver quais conceitos você dominou e quais requerem mais estudo. Consulte as respostas e faça o teste novamente em alguns dias.

Mais de 9 corretas: Excelente. Você domina ferramentas conhecidas por muito poucos operadores de mercado. Agora você pode utilizá-las como elementos essenciais dos sistemas de negociação (veja o Capítulo IX).

Leitura recomendada

Elder, Alexander. *Como se transformar em um operador e investidor de sucesso* (Rio de Janeiro: Campus/Elsevier, 2004). Veja o Capítulo VIII, "Novos indicadores".

Leitura adicional

Elder, Alexander. *Elder-ray video* (Nova York: Financial Trading Seminars, Inc., 1990).

9

Sistemas de negociação

Resposta 161

C. I, II, III e IV. A tendência pode ser de alta no gráfico diário, mas de baixa no gráfico semanal e vice-versa. Um rastreador de tendências pode estar dando um sinal de compra enquanto um oscilador está dando um sinal de venda e vice-versa. O sistema de negociação Triple Screen foi elaborado para lidar com essas contradições internas (Seção 43).

Resposta 162

B. O sistema de negociação Triple Screen começa identificando a tendência em um gráfico em uma ordem de magnitude mais longa do que a que você está planejando operar. Encontre a tendência no gráfico semanal e, em seguida, busque pontos de entrada na mesma direção nos gráficos diários. Se começar analisando o gráfico diário e só mais tarde verificar o gráfico semanal, é fácil se tornar uma presa das decisões com base nas esperanças (*wishful thinking*). Um gráfico mensal está muito distante do diário – as referências temporais dos dois gráficos devem se relacionar umas às outras por um fator de 5 (Seção 43).

Resposta 163

D. Um operador de mercado tem três escolhas: comprar, vender ou ficar de fora. O primeiro crivo do Triple Screen serve como um filtro – elimina uma dessas escolhas. Ele permite que você somente opere na direção de um rastreador de tendências em um gráfico de longo prazo ou se retire do mercado (Seção 43).

Resposta 164

C. Quando o primeiro crivo do sistema de negociação Triple Screen apontar para cima, use as quedas de um oscilador de curto prazo para encontrar oportunidades de compra. Quando o primeiro crivo apontar para baixo, use altas de osciladores de curto prazo para encontrar oportunidades de venda a descoberto. Essa regra permite que você siga tendências de alta e de baixa. Neste exemplo, o oscilador de curto prazo já está sobrecomprado (*overbought*); espere por sua queda antes de operar comprado (Seção 43).

Resposta 165

B. Quando a tendência semanal for de alta e a tendência diária for de baixa, o Triple Screen aponta para uma oportunidade de compra. Utilize seu terceiro crivo – coloque um *trailing buy-stop* acima da máxima do dia anterior para pegar um rompimento de alta de curto prazo (Seção 43).

Resposta 166

1. A, C, E; 2. B, D, F; 3. B, D, F; 4. A, C, E. Quando a tendência semanal for de alta, as quedas de um oscilador diário indicam oportunidades de compra. Se a tendência semanal for de alta e o oscilador diário subir acima de zero, um operador de mercado terá a escolha de realizar o lucro em uma posição comprada ou manter a posição. Quando a tendência semanal estiver em queda e o oscilador diário subir, isso identifica uma oportunidade para operar a descoberto. Se a tendência semanal estiver em baixa e o oscilador diário cair abaixo de zero, um operador de mercado pode realizar o lucro em sua posição vendida ou manter a posição (Seção 43).

Resposta 167

C. III e IV. Uma divergência de baixa está presente. Ela dá um forte sinal de venda – e um touro cauteloso realizaria seu lucro imediatamente. O Triple Screen não nos permite vender a descoberto quando a tendência semanal for de alta nem nos permite comprar porque o oscilador diário está sobrecomprado (*overbought*). Quando esse oscilador cai para abaixo de zero, ele oferecerá uma nova oportunidade de compra (Seção 43).

Resposta 168

1. C; 2. A; 3. B; 4. C. Quando a tendência semanal for de alta e a tendência diária for de baixa, utilize *trailing buy-stops* para pegar rompimentos de alta – opere comprado. Quando a tendência semanal for de baixa e a tendência diária for de alta, utilize *trailing sell-stops* para pegar rompimentos de baixa – opere vendido (Seção 43).

Resposta 169

C. I, II e III. O sistema parabólico desloca os stops na direção da operação a cada dia, mas não os desloca para a faixa do dia anterior. Quanto mais rápida for a tendência e maior for o fator de aceleração, mais rapidamente os stops serão ajustados. O sistema funciona sem saber se sua operação é lucrativa (Seção 44).

Resposta 170

C. I, II e III. O parabólico é especialmente útil para definir stops durante movimentos descontrolados, quando as zonas padrão de suporte e resistência oferecem pouca ajuda. Ele reage à passagem do tempo deslocando os stops na direção da operação e permite que você passe de comprado a vendido e vice-versa. Nenhum sistema, é claro, poderá protegê-lo de si mesmo. Você ainda precisará pegar o telefone e fazer sua ordem (Seção 44).

Resposta 171

B. O sistema parabólico funciona bem em mercados com tendência, mas leva a dentes de serra nas faixas de negociação. Como o trigo está em uma faixa de negociação, simplesmente defina seus stops utilizando os níveis de suporte e resistência. Reserve o parabólico para ajudá-lo a lidar com movimentos desenfreados (Seção 44).

Resposta 172

D. I, II, III e IV. Os canais mostram aos operadores de mercado onde esperar suporte ou resistência. Os canais paralelos às linhas de tendência são úteis para a análise de longo prazo, especialmente nos gráficos semanais. Os canais em torno das médias móveis são úteis para a análise de curto prazo, especialmente em gráficos diários ou intradiários. Os canais cuja largura depende da volatilidade são bons para identificar estágios iniciais de importantes novas tendências e para as opções de negociação. Alguns operadores de mercado utilizam canais cujas fronteiras são médias móveis das máximas e das mínimas (Seção 45).

Resposta 173

C. Não há nenhum mistério na construção de um canal. Continue ajustando sua largura até encontrar aquela que exclua apenas aproximadamente 5% dos preços superiores e 5% dos preços inferiores. Os canais nos gráficos diários devem se basear na movimentação dos preços dos últimos dois a três meses (Seção 45).

Resposta 174

A. II; B. IV; C. I; D. III. Uma média móvel reflete o consenso médio de valor. Um canal mostra as fronteiras entre a movimentação dos preços normal e anormal. O mercado está subavaliado quando cai abaixo de sua linha de canal inferior e superavaliado quando sobe acima de sua linha de canal superior. Os coeficientes de canal precisam ser ajustados até que um canal contenha entre 90% e 95% da movimentação dos preços (Seção 45).

Resposta 175

C. Os amadores tendem a apostar em jogadas longas – compram rompimentos de alta e vendem a descoberto rompimentos de baixa. Os profissionais tendem a operar contra os rompimentos – vendendo a descoberto assim que um rompimento de alta se interrompe e comprando quando um rompimento de baixa pára de atingir novas mínimas. A combinação de canais com indicadores proporciona a melhor visão do poder dos touros e dos ursos e ajuda a diferenciar os rompimentos verdadeiros dos falsos (Seção 45).

Resposta 176

A. A inclinação de um canal fornece importantes informações para os operadores de mercado. Quando um canal sobe, mostra que o mercado está altista; quando cai, o mercado está baixista; e, quando inalterado, o mercado está neutro. Um rompimento na direção da inclinação do canal indica uma poderosa tendência; um retorno à média móvel quase sempre oferece uma oportunidade para operar na direção da tendência. As oscilações entre as paredes de um canal horizontal também fornecem boas oportunidades de negociação. Comprar e vender na média móvel nem sempre é uma boa idéia. Isso funciona quando um canal está inclinado, mas não quando um canal está horizontal (Seção 45).

Resposta 177

1. A, D, F, G, H, I; 2. B, C, J; 3. E. Os canais combinados com divergências de indicadores fornecem alguns dos melhores sinais da análise técnica. Uma divergência de alta quando os preços estiverem pairando na linha de canal inferior identifica uma excelente oportunidade de compra. Quando passar para a posição comprada, coloque um stop imediatamente abaixo da mínima de preço mais recente. Uma divergência de baixa quando os preços estiverem na parede superior do canal indica uma excelente oportunidade para operar a descoberto. Quando passar para a posição vendida, coloque um stop imediatamente acima da máxima de preço mais recente. Esse método permite a utilização de stops muito estreitos. É possível realizar grandes lucros quando o método funciona e perder só um pouco quando não funciona (Seção 45).

Resposta 178

A. Este mercado precisa ser operado com posições compradas porque sua média móvel está subindo, confirmando uma tendência de alta. O recente pico recorde do histograma MACD indica que os preços tendem a retestar ou exceder seu pico de preço mais recente. Não siga a alta, mas coloque uma ordem de compra na média móvel e ajuste-a diariamente à medida que a média móvel subir (Seção 45).

Resposta 179

C. As bandas de Bollinger, também conhecidas como canais de desvio padrão, concentram-se em torno de uma média móvel. Elas diferem de todos os outros canais porque sua largura permanece mudando em reação à volatilidade do mercado. À medida que o mercado se torna mais volátil, suas bandas de Bollinger ficam mais largas (Seção 45).

Resposta 180

1. D; 2. C; 3. A; 4. B. Bandas de Bollinger estreitas indicam baixa volatilidade; as bandas largas, alta volatilidade. Um rompimento de bandas de Bollinger estreitas costuma indicar uma transição de uma faixa de negociação para uma tendência. Importantes tendências tendem a surgir de bases horizontais e vale a pena operar na direção desses rompimentos. Vale a pena comprar opções dentro de bandas de Bollinger estreitas, em que a volatilidade é baixa e as opções estão relativamente baratas. Vale a pena vender opções quando as bandas são largas, a volatilidade é alta e as opções estão caras (Seção 45).

Auto-avaliação

Menos de 6 corretas:	Deficiente. Você não entende bem os sistemas de negociação. Isso é perigoso – operar no mercado sem um sistema é como velejar sem leme. Estude a literatura recomendada e refaça este teste.
6 a 10 corretas:	Abaixo da média. Você está começando a entender os principais conceitos, mas seu conhecimento dos sistemas de negociação ainda é muito limitado. Você precisa saber muito mais para ter chance de sucesso nos investimentos. Releia a literatura recomendada e refaça este teste.

11 a 15 corretas:	Relativamente bom. Você tem um razoável domínio dos conceitos essenciais dos sistemas de negociação. Este nível de conhecimento pode bastar em outras circunstâncias, mas não ao lidar com os sistemas de negociação. Você precisa entendê-los completamente – eles o ajudam a sobreviver e prosperar nos mercados. Revise suas respostas em busca dos pontos fracos. Em seguida, estude o material de leitura recomendada e refaça o teste alguns dias depois.
Mais de 15 corretas:	Excelente. Você dominou os principais conceitos dos sistemas de negociação. Revise as questões para as quais suas respostas foram diferentes das respostas fornecidas neste livro. Veja se as discrepâncias foram resultado de erros ou de seu próprio estilo de negociação. Os operadores de mercado bem-sucedidos são criativos e podem ter muitas opiniões diferentes. Depois, prossiga para o próximo tópico, extremamente importante – a gestão do risco (veja o Capítulo X).

Leitura recomendada

Elder, Alexander. *Como se transformar em um operador e investidor de sucesso* (Rio de Janeiro: Campus/Elsevier, 2004). Veja o Capítulo IX, "Sistemas de negociação".

Leituras adicionais

Appel, Gerald. *Day-Trading with Gerald Appel* (vídeo). (Nova York: Financial Trading Seminars, Inc., 1989).

Kaufman, Perry. *The New Commodity Trading Systems and Methods* (Nova York: John Wiley & Sons, 1987).

Teweles, Richard J. e Jones, Frank J. *The Futures Game*, 2. ed. (Nova York: McGraw-Hill, 1987).

10

Gestão do risco

Resposta 181

B. A emoção nas operações é a maior inimiga do sucesso. A ganância e o medo podem destruir qualquer operador que toma decisões com base em seus sentimentos, e não em sua razão. Ninguém pode entregar-se à euforia e ganhar dinheiro ao mesmo tempo. Um operador pode escapar dos efeitos dos investimentos emocionais por um tempo, mas com certeza sairá com a conta destruída. Sua meta deve ser fazer as operações mais inteligentes – e não se sentir exultante (Seção 46).

Resposta 182

C. A maioria de nós gosta de pensar que é esperta – e perder fere nossos egos. Realizar a perda significa abrir mão de uma esperança de que uma operação dará certo – e ninguém gosta de viver sem esperança. Os bons operadores de mercado são realistas; apegar-se a uma operação fracassada não é uma boa tática (Seção 46).

Resposta 183

A. Você precisa acreditar que sabia o que estava fazendo quando definiu seu stop inicial. Você pode ajustar os stops somente em uma direção – na direção da operação. Dar mais "espaço para respirar" a uma operação não-lucrativa é um jogo de perdedores (Seção 46).

Resposta 184

C. I, II, III e IV. A expectativa matemática negativa, também conhecida como vantagem da casa, significa que um operador de mercado tem mais chances de perder do que de ganhar depois de fazer uma série de operações. A expectativa matemática positiva, também conhecida como a vantagem do operador, se refere a uma série de operações nas quais um operador tem mais chances de ganhar do que de perder. Um operador de mercado precisa escolher suas operações com muita cautela e selecionar só as que lhe ofereçam uma vantagem (Seção 46).

Resposta 185

B. Relutância em assumir a perda é sinal de investimento emocional. Reforçar uma operação fracassada mostra que o operador de mercado está dando mais valor à sua fantasia de ganhar do que à realidade de um fracasso. Para um perdedor, o sonho está vivo enquanto ele se apegar à sua posição. Mas, na verdade, se você entrou em uma operação com base no sinal de um indicador e esse indicador se reverteu, qual é a lógica de permanecer nessa operação? Se isso não estiver funcionando, caia fora e procure um negócio melhor (Seção 46).

Resposta 186

A. Ao incluir a *slippage* e as comissões, seus retornos atuais provavelmente serão menores do que o histórico passado um tanto quanto idealizado (Seção 46).

Resposta 187

C. Uma série de quatro perdas pode tirar o operador A do mercado, mas o operador B pode se manter em uma sucessão de quarenta perdas. O operador A está a apenas quatro lances de moeda de sair do mercado, enquanto o operador B tem capital suficiente para se manter por quarenta lances infelizes. Se todos os outros fatores forem iguais, o mais pobre dos dois operadores perderá tudo antes. Isso se faz especialmente verdadeiro nos investimentos, em função das perdas extras em comissões e *slippage* (Seção 47).

Resposta 188

B. II, III, I. A primeira meta da gestão de dinheiro é garantir a sobrevivência. A segunda meta é ganhar uma taxa de retorno estável e a terceira é ganhar lucros altos – mas a sobrevivência vem em primeiro lugar. É assim que os profissionais operam; os amadores normalmente invertem as prioridades (Seção 47).

Resposta 189

A. I. Uma pessoa que consegue um lucro anual estável de 25% pode ser considerada um rei em Wall Street. Se você conseguir resultados melhores do que isso, ótimo para você. É possível perder até 25% em um ano e depois voltar ao mercado. Arriscar 25% de seu patrimônio em uma única operação é suicídio. Dobrar o tamanho de sua posição envolve muitos fatores além de conseguir um lucro de 25% (Seção 47).

Resposta 190

B. Nunca arrisque mais de 2% do valor de sua conta em uma única operação. Essa regra dos 2% estabelece um piso para o tamanho do dano que o mercado pode infligir em sua conta. A regra dos 2% o mantém fora das operações mais arriscadas e o protege de ser incapacitado por uma série de perdas (Seção 47).

Resposta 191

B. A regra dos 2% o ajuda a decidir quantos contratos operar. Lembre-se de que você não pode arriscar mais de 2% de seu patrimônio em uma única operação. Isso significa que seu risco máximo em uma conta de US$16.000 é de US$320, incluindo a *slippage* e as comissões. Com um stop a US$75 de distância e US$20 de comissão, se você operar três contratos, ainda terá uma pequena margem para a *slippage*. Três é o número máximo de contratos que você pode operar em tais condições. Operar mais contratos do que isso é imprudente, operar só um quando vir uma operação muito atraente é contraproducente. Utilize sua vantagem quando identificar uma boa oportunidade (Seção 47).

Resposta 192

A. Se você variar o tamanho de suas operações, aumente suas posições quando estiver ganhando e reduza-as quando estiver perdendo. No exemplo, você foi esperto o suficiente para reduzir o tamanho de suas operações em uma sucessão de perdas para menos de 2% de seu valor. Seja disciplinado e atenha-se ao plano! Não queime sua vantagem agora devido a um ataque súbito de ganância (Seção 47).

Resposta 193

B. Se você operar menos do que o tamanho ótimo, seu risco diminui aritmeticamente enquanto seu potencial de lucro cai geometricamente. Este é um dos fatores que fazem das operações no mercado um jogo difícil. Se você arriscar mais do que deveria, perderá tudo, mas, se arriscar menos do que deveria, reduzirá acentuadamente seus ganhos. Uma pessoa gananciosa não tem paciência; ela arrisca demais e perde tudo (Seção 47).

Resposta 194

D. I, II, III e IV. Essas simples regras da gestão de dinheiro passaram no teste do tempo e também no teste da análise computadorizada. Siga essas regras; não as negligencie como a maioria dos operadores de mercado (Seção 47).

Resposta 195

B. I e II. Um dos piores erros que os operadores cometem é contar o dinheiro enquanto estão em uma operação. Contar o dinheiro e pensar no que ele poderá comprar limita o raciocínio, interfere na tomada de decisões racionais e leva a perdas (Seção 48).

Resposta 196

A. Com um bom movimento a caminho, você deve proteger seus lucros – desloque seu stop ao nível de *break-even* ou melhor. Você pode realizar o lucro em um ou ambos os contratos se o seu sistema lhe diz que o mercado está atingindo o topo. Você também está livre para reforçar sua posição, contanto que a sua posição inicial esteja protegida por um stop e a nova posição não totalize mais de 2% do patrimônio que estiver arriscando (Seção 48).

Resposta 197

A. I. Contar dinheiro em uma operação acende uma luz vermelha – um aviso de que suas emoções estão entrando em cena e você está prestes a perder dinheiro porque elas assumirão mais peso do que seu intelecto. É uma boa idéia sair de uma operação se você não conseguir tirar o dinheiro da cabeça. O momento de definir as suas metas de lucro e os seus níveis de stop e acompanhar o seu patrimônio não é durante uma operação (Seção 48).

Resposta 198

C. I, II e III. Os stops proporcionam a disciplina fundamental para os operadores de mercado. Se você utilizar indicadores para encontrar operações, também os utilize para sair. Você precisa usar de muita cautela com as metas de lucro – elas tendem a funcionar melhor em mercados tranqüilos, mas as tendências tendem a ser mais rápidas. Agarrar o primeiro lucro que vem em sua direção é um sinal claro de um amador traumatizado, que perdeu a confiança (Seção 48).

Resposta 199

D. I, II, III e IV. Operadores sérios definem os stops no momento em que entram em uma operação e os ajustam apenas em uma direção – na direção da operação. Quando estiver comprado, você deve manter seus stops no lugar ou elevá-los, mas nunca abaixá-los. Quando estiver vendido, pode manter seus stops ou abaixá-los, mas nunca elevá-los (Seção 48).

Resposta 200

A. I. Uma ordem de *stop-loss* limita seu risco apesar de nem sempre funcionar. Algumas vezes, os preços formam gaps por meio de um stop. Nenhum stop poderá protegê-lo de um sistema de negociação ruim; o melhor que você pode fazer é retardar os danos. Um stop não é uma ferramenta perfeita, mas é a melhor ferramenta defensiva de que dispomos (Seção 48).

Resposta 201

D. As ordens de *break-even* ajudam a proteger seu patrimônio, mas você não precisa tentar minimizar os dentes de serra. É por isso que compensa esperar que os preços se movam a seu favor na faixa de negociação média dos últimos dias antes de deslocar seu stop de proteção para o nível de *break-even*.

Resposta 202

D. I, II, III e IV. Certifique-se de proteger parte de seus lucros não-realizados. É difícil discutir com o sucesso – quando uma operação vai a seu favor, a maioria dos métodos de proteção dos lucros é proveitosa (Seção 48).

Resposta 203

D. II e III. A revisão de suas ações e a auto-análise são fundamentais para se tornar um operador de mercado maduro e bem-sucedido. Você precisa analisar as razões para entrar e sair das operações e prestar atenção a seus sentimentos enquanto toma decisões sobre investimentos. Você pode aprender com o seu histórico (Seção 48).

Auto-avaliação

Menos de 7 corretas:	Deficiente. A luz vermelha está acesa – você não compreende a gestão de dinheiro. Antes de fazer qualquer outra operação e arriscar seu dinheiro, estude a literatura recomendada e refaça este teste.

7 a 10 corretas:	Abaixo da média. Você tem um entendimento muito irregular dos conceitos de gestão de dinheiro. Operar arriscando seu dinheiro neste ponto é como tentar cruzar o Oceano Pacífico em um barco velho cheio de furos. Se você continuar a operar com esse nível atual de conhecimento, sua conta afundará para o fundo do oceano. Estude a literatura recomendada e refaça este teste.
11 a 15 corretas:	Relativamente bom. Você entendeu os conceitos essenciais da gestão de dinheiro. A gestão de dinheiro é importante demais para se contentar com algo menos do que a máxima pontuação neste teste. Reveja as suas respostas às questões que você errou, estude o material de leitura recomendada e refaça o teste alguns dias depois.
Mais de 15 corretas:	Excelente. Você domina as regras fundamentais da gestão de dinheiro. Revise as questões para as quais suas respostas foram diferentes das respostas fornecidas neste livro. A gestão de dinheiro é um muro de proteção ao redor de sua conta. Procure todas as rachaduras nesse muro e conserte-as.

Leitura recomendada

Elder, Alexander. *Como se transformar em um operador e investidor de sucesso* (Rio de Janeiro: Campus/Elsevier, 2004). Veja o Capítulo X, "Gestão do dinheiro".

Leituras adicionais

Balsara, Nauzer J. *Money Management Strategies for Futures Traders* (Nova York: John Wiley & Sons, 1992).

Vince, Ralph. *Portfolio Management Formulas* (Nova York: John Wiley & Sons, 1990).

Posfácio

Agora que você já testou seu conhecimento sobre investimentos com este livro, está mais bem preparado para o maior teste de todos: operar nos mercados. As operações financeiras representam um teste interminável de sua capacidade de pensar claramente sob estresse, tomar decisões inteligentes e livres das emoções e manter o controle do dinheiro de sua conta.

Este livro lhe deu várias escalas de classificação para mensurar suas habilidades; ele forneceu listas de leituras recomendadas e lhe permitiu refazer os testes nos quais você não passou a princípio. Utilize a mesma abordagem ao operar nos mercados.

A principal escala de classificação de seu desempenho será o valor de sua conta. O principal sinal de boas notas em seus testes de investimentos será um crescimento estável de seu patrimônio, com pequenos reveses. Você tem de acompanhar seu patrimônio e parar de negociar pelo resto do mês se ele cair mais de 6% ou 8% do ponto máximo atingido no mês anterior.

Por exemplo, dois operadores de mercado podem elevar suas contas de US$20 mil para US$24 mil em seis meses, com um ganho de 20%. Mas compare os desempenhos deles e decida se eles teriam as mesmas notas no teste do mercado:

	Operador Jim	*Operador John*
Janeiro	\$20.000	\$20.000
Fevereiro	\$20.600	\$19.600
Março	\$21.700	\$17.300
Abril	\$21.100	\$25.800
Maio	\$23.200	\$24.100
Junho	\$24.500	\$23.200
Julho	\$24.000	\$24.000

A quem você confiaria seu dinheiro – ao operador Jim, com seus ganhos estáveis e perdas pequenas, ou ao operador John, com seu talento especial para perder dinheiro mas que conseguiu alcançar Jim em um mês espetacular? Se você operar como Jim, estará no caminho certo. Se operar como John, terá de parar e repensar seus métodos de operação. Se a sua sobrevivência depender de um espetacular ganho ocasional, você pode não durar muito tempo no mercado.

Além de manter um gráfico de seu patrimônio, mantenha um diário de suas operações. Sempre que entrar em uma operação, imprima os gráficos e anote suas razões para entrar no mercado. Imprima um gráfico atualizado quando sair da operação e cole-o na página oposta de seu diário. Anote suas razões para a saída – talvez uma meta de lucro ou um stop tenham sido atingidos, ou o seu sistema tenha lhe dado um sinal de saída. Analise essa operação em algumas linhas, concentrando-se no que fez certo e no que teria feito de forma diferente. Ao analisar suas operações, você pode aprender com as experiências passadas e melhorar seu desempenho.

Converse com os amigos sobre as suas operações – não enquanto estiver em uma operação, mas depois de fechá-la. É perigoso conversar sobre uma posição em aberto porque os outros podem convencê-lo a agir contra o seu sistema. Depois de fechar uma operação, você pode se beneficiar das experiências e das opiniões de amigos que você respeita.

O fato de ter investido tempo e energia estudando e fazendo os testes apresentados neste livro demonstra que você leva os investimentos a sério. Continue estudando os mercados, mantenha a calma e concentre-se em aumentar o valor de sua conta com perdas mínimas. Assim, você poderá realizar seu sonho, transformando-se em um operador e investidor bem-sucedido.

Desejo a você muito sucesso.

Nova York
Novembro de 1992

Dr. Alexander Elder

Fontes

Appel, Gerald. *Day-Trading with Gerald Appel* (vídeo) (Nova York: Financial Trading Seminars, Inc., 1989).

Arms, Richard W., Jr. *The Arms Index* (Homewood, IL: Business One Irwin, 1988).

Balsara, Nauzer J. *Money Management Strategies for Futures Traders* (Nova York: John Wiley & Sons, 1992).

Belveal, L. Dee. *Charting Commodity Market Price Behavior* (1969) (Homewood, IL: Business One Irwin, 1985).

Douglas, Mark. *The Disciplined Trader* (Nova York: New York Institute of Finance, 1990).

Edwards, Robert D. e Magee, John. *Technical Analysis of Stock Trends* (1948) (Nova York: New York Institute of Finance, 1992).

Elder, Alexander. *Elder-ray video* (Nova York: Financial Trading Seminars, Inc., 1990).

______. *Como se transformar em um operador e investidor de sucesso* (Rio de Janeiro: Campus/Elsevier, 2004).

Granville, Joseph. *New Strategy of Daily Stock Market Timing for Maximum Profit* (Englewood Cliffs, NJ: Prentice Hall, 1976).

Kaufman, Perry. *The New Commodity Trading Systems and Methods* (Nova York: John Wiley & Sons, 1987).

Lefevre, Edwin. *Reminiscences of a* Stock *Operator* (1923) (Greenville, SC: Traders Press, 1985).

LeBon, Gustave. *The Crowd* (1897) (Atlanta, GA: Cherokee Publishing, 1982).

Mackay, Charles. *Extraordinary Popular Delusions and the Madness of Crowds* (1841) (Nova York: Crown Publishers, 1980).

Murphy, John J. *Technical Analysis of the Futures Markets* (Nova York: New York Institute of Finance, 1986).

Neill, Humphrey B. *The Art of Contrary Thinking* (1954) (Caldwell, ID: Caxton Printers, 1985).

Pring, Martin J. *Technical Analysis Explained*, 3. ed. (Nova York: McGraw-Hill, 1991).

Teweles, Richard J. e Jones, Frank J. *The Futures Game*, 2. ed. (Nova York: McGraw-Hill, 1987).

Vince, Ralph. *Portfolio Management Formulas* (Nova York: John Wiley & Sons, 1990).

Índice

CONHEÇA TAMBÉM:

Este livro esclarece tópicos cujo domínio é essencial para todos: em que mercados operar, como interpretar as teorias financeiras e como lidar com os obstáculos comuns ao sucesso. Deslocando-se do básico para a essência dos métodos do Dr. Elder, este livro ensina a você os três aspectos principais das negociações: mente, método e dinheiro.

APRENDA A OPERAR NO MERCADO DE AÇÕES

ISBN: 978-85-352-1898-5

Páginas: 340

Este livro ensina como: se tornar um negociante calmo, tranqüilo e controlado, usar o computador para achar bons negócios, desenvolver um sistema de comércio poderoso e encontrar negócios promissores. O autor explica como você pode disciplinar sua mente, negociar com o mercado e gerenciar suas finanças para que o negociante mantenha-se firme no mercado.

COMO SE TRANSFORMAR EM UM OPERADOR E INVESTIDOR DE SUCESSO

ISBN: 978-85-352-1426-0
Páginas: 320

Outras maneiras fáceis de receber informações sobre nossos lançamentos e ficar atualizado.

- ligue grátis: **0800-265340** (2ª a 6ª feira, das 8:00 h às 18:30 h)
- preencha o cupom e envie pelos correios (o selo será pago pela editora)
- ou mande um e-mail para: **info@elsevier.com.br**

Nome: __________

Escolaridade: __________ ❑ Masc ❑ Fem Nasc: __/__/__

Endereço residencial: __________

Bairro: __________ Cidade: __________ Estado: __________

CEP: __________ Tel.: __________ Fax: __________

Empresa: __________

CPF/CNPJ: __________ e-mail: __________

Costuma comprar livros através de: ❑ Livrarias ❑ Feiras e eventos ❑ Mala direta ❑ Internet

Sua área de interesse é:

❑ **UNIVERSITÁRIOS**
- ❑ Administração
- ❑ Computação
- ❑ Economia
- ❑ Comunicação
- ❑ Engenharia
- ❑ Estatística
- ❑ Física
- ❑ Turismo
- ❑ Psicologia

❑ **EDUCAÇÃO/ REFERÊNCIA**
- ❑ Idiomas
- ❑ Dicionários
- ❑ Gramáticas
- ❑ Soc. e Política
- ❑ Div. Científica

❑ **PROFISSIONAL**
- ❑ Tecnologia
- ❑ Negócios

❑ **DESENVOLVIMENTO PESSOAL**
- ❑ Educação Familiar
- ❑ Finanças Pessoais
- ❑ Qualidade de Vida
- ❑ Comportamento
- ❑ Motivação

Cartão Resposta
050120048-7/2003-DR/RJ
Elsevier Editora Ltda
CORREIOS

CARTÃO RESPOSTA
Não é necessário selar

O SELO SERÁ PAGO POR
Elsevier Editora Ltda

20299-999 - Rio de Janeiro - RJ

Este livro foi impresso nas oficinas gráficas da Editora Vozes Ltda.,
Rua Frei Luís, 100 – Petrópolis, RJ,
com papel fornecido pelo editor.